中国古代著名皇后

徐　潜＼主　编

张　克　崔博华＼副主编

钱路璐　佟成坤＼编　著

吉林文史出版社

图书在版编目（CIP）数据

中国古代著名皇后 / 徐潜主编 . —长春：吉林文史
出版社，2013.4

ISBN 978-7-5472-1529-6

Ⅰ.①中… Ⅱ.①徐… Ⅲ.①皇后-生平事迹-
中国-通俗读物 Ⅳ.①K827＝2

中国版本图书馆 CIP 数据核字（2013）第 063609 号

中国古代著名皇后

ZHONGGUO GUDAI ZHUMING HUANGHOU

出 版 人	孙建军	
主　　编	徐　潜	
副 主 编	张　克　崔博华	
责任编辑	崔博华　董　芳	
装帧设计	昌信图文	
出版发行	吉林文史出版社有限责任公司（长春市人民大街 4646 号）	
	www.jlws.com.cn	
印　　刷	三河市燕春印务有限公司	
版　　次	2014 年 2 月第 1 版　2021 年 3 月第 3 次印刷	
开　　本	720mm×1000mm　1/16	
印　　张	12	
字　　数	250 千	
书　　号	ISBN 978-7-5472-1529-6	
定　　价	33.80 元	

序　言

　　民族的复兴离不开文化的繁荣,文化的繁荣离不开对既有文化传统的继承和普及。该书就是基于对中国文化传统的继承和普及而策划的。我们想通过这套图书把具有悠久历史和灿烂辉煌的中国文化展示出来,让具有初中以上文化水平的读者能够全面深入地了解中国的历史和文化,为我们今天振兴民族文化,创新当代文明树立自信心和责任感。

　　其实,中国文化与世界其他各民族的文化一样,都是一个庞大而复杂的"综合体",是一种长期积淀的文明结晶。就像手心和手背一样,我们今天想要的和不想要的都交融在一起。我们想通过这套书,把那些文化中的闪光点凸现出来,为今天的社会主义精神文明建设提供有价值的营养。做好对传统文化的扬弃是每一个发展中的民族首先要正视的一个课题,我们希望这套文库能在这方面有所作为。

　　在这套以知识点为话题的图书中,我们力争做到图文并茂,介绍全面,语言通俗,雅俗共赏。让它可读、可赏、可藏、可赠。吉林文史出版社做书的准则是"使人崇高,使人聪明",这也是我们做这套书所遵循的。做得不足之处,也请读者批评指正。

编　者

2014 年 2 月

目 录

皇后楷模——长孙皇后

　　长孙氏（601—636 年），唐太宗李世民的皇后。她真正的名字，史书没有记载，但有一说叫做"长孙无垢"，河南洛阳人。武德九年（626 年）长孙氏被立为皇后，谥号"文德"。长孙皇后博闻强识，深明大义，时常规谏唐太宗，对唐太宗影响很大。贞观盛世的出现，她功不可没。贞观十年（636 年）六月，长孙皇后在后宫立政殿去世，年仅 36 岁。同年十一月，葬于昭陵。

一、长孙有女初长成　倒提亲事嫁世民

　　长孙氏（601—636 年），唐太宗李世民的皇后。据《观世音经信笺注》中所载，长孙氏小名"观音婢"。她真正的名字，史书没有记载，但有一说叫做"长孙无垢"，河南洛阳人。父长孙晟，曾任隋朝右骁卫将军；母高氏，隋朝扬州刺史高敬德之女。武德九年（626 年）长孙氏被立为皇后，谥号"文德"。长孙皇后博闻强识、深明大义，时常规谏唐太宗，对唐太宗影响很大。贞观盛世的出现，她功不可没。贞观十年（636 年）六月，长孙皇后在后宫立政殿去世，年仅 36 岁。同年十一月，葬于昭陵。

　　长孙氏的祖先是北魏皇族拓跋氏，由于是宗室长子，又立有大功，因此号长孙。祖辈有着非常显赫的地位，长孙皇后的祖先长孙稚做过北魏的大丞相，封冯翊王。长孙稚的儿子长孙裕也就是长孙皇后的太爷爷，被封为平原公。祖父长孙兕，官至左将军。

　　长孙氏之父长孙晟是隋朝的英雄人物，曾任隋朝右骁卫将军，与李渊同朝为官。喜欢涉猎史书，文韬武略，英勇善战，通晓边境之事。当时隋朝与突厥及其他外族的往来都是由他预先交涉，曾经多次代表隋朝出使突厥，并曾送千金公主入突厥和亲。有一次他在突厥大汗面前，亲挽长弓，弓弦震响声如霹雳。只见两只大雕应声而落，居然是一箭双雕，此后长孙晟被誉为"霹雳堂"。突厥可汗十分敬佩长孙晟一箭双雕的箭法，就把长孙晟留在草原一年教突厥贵族子弟箭法。长孙晟趁机侦察突厥的山川形势，部众强弱。回国以后，长孙晟把突厥的国情地理详细地告诉当时任北周宰相的杨坚，杨坚十分高兴，非常欣赏他，后来隋代北周，文帝采纳了他的离间计，"远交而近攻，离强而合弱"之策几乎让称霸大漠多年的突厥一时间土崩瓦解，为中原解除了来自北方的巨大威胁，大大削弱了突厥势力。

　　长孙氏的母亲高氏也是出身于渤海的名门望族。长孙家悠久而良好的官宦之风为长孙皇后的成长提供了极好的生活环境。长孙皇后自幼聪慧美丽，知书达理，尤其喜读《史记》类的历史传记书籍，待人接物都谨遵礼法，生活俭朴，深为父母喜爱，被家人视为掌上明珠，受到百般呵护。

然而不幸的是，在长孙皇后8岁的时候，她的父亲突然撒手人寰。失去了父亲，长孙氏就等于失去了一切。长孙晟尸骨未寒，前妻之子长孙安业就立即摆出一副新任当家人的架势，毫无顾忌地将继母和异母弟妹赶出了家门。无奈之下，长孙氏的母亲带着兄妹二人投奔了他们的舅父，开始了寄人篱下的生活。

这段不幸的经历，对于长孙氏来说是至关重要的，那样的生活让她学会了察言观色，学会了等待和忍耐，学会了如何应对复杂的环境。所有这些，不是每一个人都有机会学到的，也不是每一个人都能承受的，还很幼小的长孙氏在别人的屋檐下渐渐成熟长大而又八面玲珑。这为她在嫁入李家后，在极其复杂的局面之中，还能应对自如，做了很好的准备。

然而，十分有趣的是，一代名后长孙氏，之所以嫁到李家，是因为倒提亲，即长孙家的人主动向李渊提亲。这在当时也算是一个不小的新闻了。

长孙氏渐渐长大后，美貌聪慧的名声已广为传播，上门提亲的人络绎不绝，然而能与这般优秀的天之骄女相匹配的郎君却不多，这可着实难住了长孙家的家长。长孙氏的伯父长孙炽提了一个好主意。

长孙炽曾是北周的著名学者，见识广博。在长孙氏为了找婆家而发愁的时候，他突然想到了李渊的妻子窦氏。因为当时曾经盛传北周武帝的外甥女窦氏生来奇特，刚出生之时头上黑发就已经达到颈部，3岁时这头发的长度就已经与她的身高一样了。窦氏自小见识超常，长大后也素有贤名。长孙炽想这样贤明的母亲教导出来的孩子也肯定非同一般。长孙炽认为，窦氏"此明睿人，必有奇子，不可以不图婚"。为了不至于错失最佳女婿，长孙家干脆来了个倒提亲，请媒人向李家求婚。

天作良媒，当时李渊次子李世民尚未娶妻，不仅生得一表人才而且文武双全，年龄也与长孙氏相若。长孙家听说后十分高兴，立刻请媒人去李家倒提媒，要把长孙氏许配给李世民。恰李渊也早就听说长孙家有女初长成，美貌聪慧，知书达理，于是十分欣喜地答应了这门亲事。

隋炀帝大业九年（613年），13岁的长孙

氏与李世民喜结良缘，从此二十三年风雨相伴，书写了中国帝王皇后史上的一段佳话。然而美满的婚姻也会有不和谐的音符。长孙安业直到妹妹出嫁之后，也没有表示出丝毫的悔过之意，根本没有重新接纳长孙氏的意思。婚后的长孙氏只能以舅舅的家为"娘家"，她每次"归宁"去的都是高府。长孙氏由衷地感激舅父多年的养育之恩。

然而就在长孙氏刚嫁入李家后不久，在回高府的一次省亲时，发生了一件奇特的事情。

据《旧唐书》记载，在长孙皇后住进了高家之后，舅舅高士廉的侍女张氏在长孙氏的住房外见到了一匹两丈多高的大马，鞍具齐全，浑身闪着金光，神采飞扬。一转眼，这匹似乎从天而降的大马却又平地消失了。张氏看见后十分害怕，又十分奇怪，就把这件事情告诉了高士廉。高士廉听说这个异象后立即请来术士推演，占卜术士用阴阳八卦之法推演的最后结论是遇《坤》之《泰》，高士廉一头雾水不明所以："何谓《坤》之《泰》？"

占卜的术士说："至哉坤元，万物资生，乃顺承天。坤厚载物，德合无疆。牝马地类，行地无疆。变而之《泰》，内阳而外阴，内健而外顺，是天地交而万物通也。《象》曰：后以辅相天地之宜而左右人也。龙，《乾》之象也。马，《坤》之象也。变而为《泰》，天地交也。縣协于《归妹》，妇人之兆也。女处尊位，履中居顺也。此女贵不可言。"

这些话的意思是说：马为"坤"象，只要与龙的"乾"象相合，此女一定会贵不可言。所谓乾坤暗喻天地，长孙氏房外的异象暗示着长孙氏将来可能位及人后。

虽然卦辞之说，虚无缥缈，但是高士廉却十分相信术士的话，他看着长孙氏长大，外甥女的才华、智慧都让他动容。而一看李世民便知非池中之物。所以他对于长孙氏和李世民这对人中龙凤，有了不同寻常的关爱和期待。

虽说如此，但是长孙氏在嫁入李家之后，小小年纪的她不得不面对新的困境。看着别的媳妇身后都有一个娘家做坚定的后盾，而自己却没有一个真正的娘家。原本偏爱李世民，又与长孙氏颇有渊源的婆婆窦氏，则早在她和李世民成亲之前就离开了人世。长孙氏只好在纷繁的贵族大家庭里，谨言慎行地生活着。

二、玄武门前悲歌声　长孙建功助秦王

隋朝末年，朝纲败坏，农民起义遍布全国。李渊又被炀帝猜忌，当时政局动乱难于自保，所以李渊经周密准备后，便与次子李世民在大业十三年（617年）五月起事，并从河东（今山西永济西）召回长子李建成和四子李元吉。李渊起兵后，一面遣刘文静出使突厥，请求可汗派兵相助；一面招募军队，并于七月率师南下。此时李密正率领瓦岗军与困守洛阳的王世充激战，李世民乘机进取关中。次年（618年）五月，李渊称帝，改国号唐，定都长安。李世民被封为秦王，长孙氏被册封秦王妃。然而也就是在这时，长孙氏和李世民遇到

了他们有生以来最大的挑战。危机不是外来的，而是祸起萧墙，兄弟相残。

在统一全国的斗争中，李世民智勇双全，为帮助父亲建立唐朝而拼杀疆场，立下了汗马功劳。然而李建成仅仅因为是长子就被立为太子。李建成无论功劳、才能、人品及在众臣中的威信都远在李世民之下，况且唐初的一班开国元勋、文臣武将，大多跟随李世民打天下，深深爱戴和拥护李世民，对太子李建成从内心里不服。所以李世民的存在对太子李建成登上皇帝宝座构成了威胁，李建成处心积虑地要把这个"眼中钉""肉中刺"除掉。另外，李世民的弟弟李元吉做梦都想成为大唐的皇帝。他觊觎皇帝宝座则要越过李世民、李建成两重障碍。在他眼里最大的障碍无疑是文武双全、威重功高的李世民。一场争夺皇权的家族内部之战，在兄弟三人间明争暗斗地展开。

武德四年，李世民率领唐军平定了王世充和窦建德以后，唐朝统一全国的战争基本结束，李世民的威望也迅速上升，被李渊封为"天策上将"，位在诸王之上，并兼司徒、陕东道大行台、尚书令，还诏令在秦王府中设置官属。李世民雄心壮志，在府中开置文学馆，延揽四方文学之士，礼遇甚隆，这些人都成了李世民的谋臣策士。此外，李世民南征北讨，网罗了不少勇将猛士。拥有了如此众多的谋士与勇将，秦王李世民的周围自然形成了当时政坛上一个强有

力的政治集团，直接威胁到太子李建成。李建成为了巩固自己的地位，确保未来皇位的继承，就联合因同样有政治野心而对李世民不满的齐王李元吉，采取曲意联络唐高祖的妃嫔以为内助，加强自己的军力，收买李世民的部下等策略来强化自己并削弱李世民的势力，甚至发展到在召李世民饮酒时在酒中下毒的地步。到了武德九年，建成、元吉和后宫妃嫔更是常常在高祖耳边说李世民的坏话，使高祖渐渐对李世民产生了猜疑，局势对李世民十分不利。而李世民则予以坚决还击，丝毫不让。李世民和太子李建成的矛盾日渐白热化。

这时候长孙氏坚定地站在了李世民一边，她知道李世民抱负远大，决不会甘于人下，既有入主东宫之意，将来怕是再难为人臣。何况李建成、李元吉之辈欲置李世民于死地，无论长孙氏在其中如何调节也无济于事，这场内斗是无论如何也避免不了的。于是她开始为李世民出主意，为他从后宫打探消息，安排内线。她一边悉心伺候李渊，缓解他们父子之间的矛盾，为李世民赢得时间；一边交好于后宫诸妃，培养自己在宫内的势力，以备后用。

李世民从小就是一个纨绔子弟，长大一点就开始了戎马生涯，他的性格中有着强烈的尚武精神和果敢刚强的秉性，是那种有大智慧却个性张扬、阳刚有余而韧性不足的人。无论是在驾驭手下大将方面，还是处理和高祖、后宫及太子等各个方面的关系时，都容易冲动而忽略细节。而唐高祖在兄弟争位的斗争中，基本上是站在李建成一边的，他倾向通过压制李世民来维护长子李建成继承皇位的传统宗法原则。这一切的不利因素，使得长孙氏恭敬地对待高祖和他身边的妃嫔变得极为重要。她必须在宫廷中尽心尽力地去弥合日益扩大的裂痕，以自己的行动，为丈夫消解矛盾，收拢人心。她一直尽心竭力地用自己的孝顺博取唐高祖的欢心，改善李世民在李渊心里的形象。正是长孙氏"孝事高祖，恭顺妃嫔，尽力弥缝，以存内助"的缓和之法，为李世民争取了更多政治空间并推迟了最后摊牌的时间。

然而，秦王李世民和太子李建成、齐王李元吉为了争夺帝位而发生的斗争，注定要以兄弟相残为结局。当时秦王府的兵士远远少于东宫和齐王府。李世民不得不孤注一掷，决定伏兵玄武门，袭杀李建成和李元吉。能否以最快速度在玄武门杀死李建成、李元吉

并进入宫中控制唐高祖，将是这最后一搏成败的关键所在。

玄武门是长安城的北门，也是皇宫太极宫的北门。太极宫的南面是国家机关所在地皇城，大臣们上朝，走太极宫与皇城之间的天成门，也就是太极宫的南门。皇子们则走北面的玄武门。李世民之所以选在这里动手，一是因为这里是李建成和李元吉上朝的必经之路，二是因为李世民早已收买了玄武门的主要将领常何、敬君弘、吕世衡等人。常何是勇冠三军的猛将，曾经跟随李世民出征洛阳，后来又跟随李建成讨伐刘黑闼。战争结束后，他留镇地方。武德七年被调进京城做玄武门守将。李建成的东宫和李元吉齐王府的势力合起来远胜李世民的秦王府，如果双方都有准备后再做决战，李世民必败无疑。精于谋略的李世民，出其不意地把玄武门作为最后开战的地点，就是想靠局部地区的绝对优势兵力，突然袭击李建成和李元吉，把这两个首脑一举歼灭，让他们整体上的优势力量无从发挥，从而赢得胜利。

李建成原以为跟随他出征的常何是自己人，万万没有想到他早已站在了李世民那边。所以李建成占绝对优势的京城之内，还存在着这个他能力所不及的死角。

武德九年（626年）六月初三，唐高祖李渊召见李世民，李世民趁机向李渊告发李建成和李元吉淫乱后宫的消息，但实际目的是想引太子李建成和齐王李元吉出宫。李渊听到李世民所报之消息大感惊愕，决定次日让二人在他面前对质。

六月初四，秦王李世民亲自带一百余人埋伏在玄武门内伏杀李建成、李元吉。李建成和李元吉策马一同入朝，待走到临湖殿，李元吉发觉事情有异，他和太子急忙拔马往回跑。

李世民果断地带领伏兵从后面追杀。李元吉情急之下慌乱地向李世民连射三箭，无一射中。李世民搭弓射箭精准无比，只一箭就射杀了李建成。李元吉则死于尉迟敬德手下。东宫的部将得到消息前来报仇，和秦王的部队在玄武门外激烈战斗，尉迟敬德将李建成和李元吉的头割下示众，李建成的兵马见大势已去，四散而走。之后，尉迟敬德又身披铠甲去"保护"唐高祖，实际是控制了李渊。

三天后，李世民被立为皇太子，李渊下诏曰："自今军国庶事，无大小悉委太子处决，然后闻奏。"两个月后，李渊退位，李世民登基，妻随夫贵，长孙氏也被立为皇后。

李世民能在这场政治斗争中胜利，长久生活在宫中的长孙氏起了极为关键的作用。武德后期，由于李建成和李元吉的挑拨，李世民和李渊父子的关系逐渐紧张起来，父子间的对话常常不欢而散。李世民刚硬的性格决定了他不会去刻意地讨好父亲，而这种事情自然就落到了长孙氏身上。她常常围在李渊身边，承欢膝下，宽慰李渊不要和自己的丈夫生气。李渊非常喜欢这个聪明善良、善解人意的儿媳，怒气也就常常在不知不觉间散去了。

而太子在后宫则拉拢了得宠于李渊的尹德妃和张婕妤。她们对李渊的影响非常之大，这使得李渊在秦王和太子的斗争中渐渐地倾向于太子李建成。

长孙氏见李世民渐渐失势，心中十分焦急。只好退而求其次，交好于级别稍微低一点的妃嫔，希望她们能站在秦王这边。然而令长孙氏也没有想到的是，其实她这样做的效果反而更好，因为李世民和太子李建成的矛盾早已白热化，宫内宫外无人不晓。太子拉拢尹、张二妃是在明处，李渊自然会有所耳闻，所以平时她们对李渊说的话，李渊都会打个折扣。而长孙氏交好其他妃嫔是在暗处，当她们在李渊耳边吹风的时候，李渊不会太警觉，反而会觉得更客观。工于心计的李建成一次又一次地陷害李世民，李渊都没有给李世民治罪，除了李世民是他亲生儿子的原因以外，恐怕就得益于长孙氏暗中的努力了。

实际上玄武门之变前后，长孙氏是秦王府最为忙碌的人。因为秦王府的其他人早已经被太子和齐王所监视，他们的行动都没有隐蔽性。而长孙氏虽然是李世民的妻子，可是作为一个在深宫长大的柔弱女流，太子李建成反而没有关注她。于是长孙氏利用自己暗中培育起来的关系网，不断为李世民收集信息。

玄武门事变之前，李世民就是通过她的帮助，得知六月初四一早李渊要在海池泛舟，然后才会安排接见太子和齐王。前去觐见的太子和齐王必定会经过玄武门。李世民这才得以妥善地安排伏杀他们的地点和时间。长孙氏还秘密调查了从玄武门到海池的路上，只有临湖殿周围最好设埋伏。而且她还摸清了

李渊身边有多少侍卫等情报。无疑，这些情报是李世民以少胜多的关键所在。

然而更加令人敬佩的是，长孙氏在玄武门政变之时，一直陪在李世民的身边。用自己的关怀热情鼓舞士气，用自己坚贞不渝的爱情来坚定李世民对胜利的执著。一袭长裙，伴着血色的曙光，为玄武门的兵气森森徒添一抹娇柔之气，书写出一代明后巾帼不让须眉的另一面。

最终，李世民和他的妻子长孙氏，赢得了整个天下。

玄武门事变之后，李世民被一种沉重的道德负罪感所笼罩。弑兄杀弟，逼父退位，无论李世民多么不愿意，这样的罪名都会被加诸一身。政变当天，李世民曾趴在高祖李渊胸前痛哭良久，政变的阴影，兄弟的亡魂始终困扰着他，令他不安、紧张、疲惫。这时候长孙皇后作为李世民身边最为亲近的人，是让李世民振作起来的关键。

长孙皇后秀外慧中，性格外柔内刚，在李世民消沉的那段日子里，她不断地安慰李世民说："太子之位，本就应该有德者居之。虽然殿下不是长子，但是殿下是治理国家的贤才，是能让人民幸福生活的君主。眼下发生的事情，实在是殿下迫于形势而做出的无奈选择。殿下既然走过来了，就应该继续往前走，万事不能回头。只要殿下能治理好国家，历史自然会给您一个公正的说法。"

其实长孙皇后明白，无论怎样解释、推诿，都改变不了李世民弑兄杀弟的事实。只有让李世民坚信自己是治理国家的明主，是能给大唐带来兴旺的明君，才能让他忘记那段痛苦的回忆。在长孙皇后不懈的努力下，李世民慢慢化解了心里的死结，把所有的心思都花在如何治理国家上。长孙皇后用自己的温柔，掩盖了那段不堪回首的往事，开启了一代盛世"贞观之治"的大门。

三、德冠后宫明大义　贞观之魂长孙氏

武德九年（626年），玄武门之变两个月后，李渊借年事已高而禅位给太子李世民，李世民称帝。十三天后，长孙王妃也随即立为母仪天下的长孙皇后，这应验了卜卦人说她"坤厚载物，德合无疆"的预言。

当了至高无上的皇后，长孙氏并没有骄矜自傲，她一如既往地保持着贤良恭俭的美德。她首先做的就是细心照顾太上皇李渊，长孙皇后十分清楚玄武门之变给这位太上皇带来了多大的打击，他最看重的三个儿子互相残杀，这种事情无论是哪个父亲都接受不了。长孙皇后恭敬而细致地侍奉李渊，每日早晚必去请安，陪老太上皇说些话，逗他开心。而且她时时提醒太上皇身旁的宫女怎样调节他的起居生活，比普通人家的儿媳更周全更孝顺。对于后宫的一众妃嫔，长孙皇后也非常和蔼，如果有哪个妃子宫人生了病，她即会派人送药过去，有时候还亲自

前去看望抚慰。正是这些温馨感人的细节，终使得"下怀其仁"，原本冰冷的后宫呈现出一派祥和温馨的景象。

长孙氏之所以如此快地进入了皇后这个新角色，可能同她与李世民共历玄武门之变有关。她对于自幼厮守的丈夫身份的改变，有着最直观的感受，她比李世民身边任何一个女人都更早更快地意识到，他已经不仅仅是一个丈夫，而是一位皇帝，天下人的皇帝。虽然李世民作为一个丈夫，对长孙皇后的爱是极其浓烈的，但是饱读史书的她仍然不忘时时警醒自己，要以历朝皇后及外戚宠极而衰的悲惨事实做教训。年仅26岁的长孙氏知道，自己不仅仅是一个妻子，而且是皇后，是太子的生母，是天下女人德行的榜样。

也许长孙皇后身份的改变让她的人生理想也发生了重大的改变，她不再在乎男女之间卿卿我我的小爱，她渴望尽全力帮助李世民治理天下，渴望长孙家能够善始善终，渴望在丹青史书上留下千古美名。因此富有远见的长孙皇后做的第一件事，也是最著名的一件事，就是劝其兄长无忌辞却高官厚禄。

历朝历代的皇后妃子，哪一个不是在登上皇后妃子的位置之后，便百般讨好皇帝，把娘家亲属举荐给皇上，恳请皇上封个一官半职，而长孙皇后做的这第一件事，却着实让太宗李世民吃了一惊。

长孙无忌和李世民自幼交好，从李渊和李世民父子晋阳起兵叛隋，到建立唐朝，再到统一天下，长孙无忌一直紧紧追随李世民东征西讨，也立下了不少功劳，是唐太宗李世民推心置腹的忠臣良佐。在玄武门之变和高祖"禅位"这两件事上，长孙无忌称得上是首功之臣。在政变之前，太子和齐王咄咄逼人，长孙无忌态度坚决，竭诚劝谏李世民反抗；在准备政变时，他日夜奔波，内外联络；在政变之时，他不惧危难，亲至玄武门内。所以唐太宗至死不忘长孙无忌的帮助，临死前仍对大臣们说："我有天下，多是此人之力。你们若是不能好好保护他，就是对我不忠。"因此，李世民刚一入主东宫，便封无忌太子左庶子；一即帝位，长孙无忌便升为左武侯大将军，后任吏部尚书，晋封齐国公，实封一千三百户。

太宗李世民想封长孙无忌为右仆射即宰相之职，他将这个打算告诉了长孙皇后，本以为皇后会为自己的哥哥高兴。没想到长孙皇后闻讯后立即推辞说："妾位居后宫之首，全家已经是尊贵至极，实在不愿意让兄弟子侄再位居显要。历史上弄权误国的例子太多了。汉高祖死后吕产、吕禄专权；汉昭帝时，上官桀、上官安专权；汉宣帝时，霍山、霍禹专权，他们最后都因为谋反篡位而被杀，不仅累及子孙，而且祸国殃民，实可为后人的切骨之诫。希望皇上明鉴。"听完这番话，太宗皇帝虽然不以为然，但对自己的结发妻子长孙氏越发地敬重，熟悉历史的李世民当然知道长孙皇后的这番见识有多么深刻。但是唐太宗太了解太信任长孙无忌了，重用长孙无忌，并不是因为他是自己妻子的兄弟。所以太宗摇摇头，恳切地说："皇后的心我是明白的。不过，我重用长孙无忌是出于公心，并非由于他是皇亲国戚的缘故而是为社稷着想。我选择官吏，完全是看一个人的才能。没有才能的人，再近的亲戚我也不会任用；有才华的人，哪怕是仇人，只要能改过，我也会重用。长孙无忌当得起宰相，请皇后不必过虑。"

随后唐太宗果然任命长孙无忌为左武侯、吏部

尚书、右仆射，实为唐朝第一权臣。长孙皇后知道李世民性格刚硬，再次苦劝也无意义，于是只好把长孙无忌叫到宫里来，直言相劝，细述原委。长孙无忌也是谨慎之人，同意了妹妹的意见，决定向唐太宗辞去宰相之职，太宗当时并未同意。

可是事情的发展却正如长孙皇后所料。长孙无忌任右仆射没有多久，就有人向太宗上书，说这位国舅爷权势太盛，恐对皇权不利。当然，贤明的李世民并未将这件事放在心上，反而将这封奏章拿给无忌过目，并公示群臣，表示自己绝对信任长孙无忌。

但这件事情却足以惊出长孙无忌一身冷汗，也引起了长孙皇后更深的忧虑。

于是，长孙兄妹轮番苦求李世民，希望能辞去宰相一职。李世民无奈，不得不在一年后改授长孙无忌为"开府仪同三司"，这是一个位高而没有实权的官职，但是长孙皇后却仍然对外戚位列三公而心中忐忑，恳请舅舅高士廉再次向太宗请辞。

唐太宗知道后，为了排解妻子的忧虑，只好发了这样一道诏书给长孙无忌："黄帝得力牧，为五帝先；夏禹得咎繇，为三王祖；齐桓得管仲，为五伯长；朕得公，遂定天下。公其无让！"此后，长孙皇后和其兄才停止进谏。

长孙皇后曾在她的《女则》中写道："历观前古，邦家丧败之由，多基于子弟召祸，子弟之乱，必始于宫闱不正。"她十分明白，外戚专权往往会导致政权变易或者外戚灭亡。长孙皇后坚持让长孙无忌辞官的用意也在于此，她要以西汉外戚吕氏和霍光灭族的历史教训做戒，尽量不让外戚参与朝政，竭力保全长孙家族。她在临终之际还请求太宗不要让长孙家族执掌权要，对太宗说："妾身家的宗族，因为我嫁给了皇上而富贵起来，他们能做官并不是靠品德才行，所以很容易惹祸及身。请皇上为了我家族长远考虑，切勿让后人担当重职要务，就让他们以外戚的身份做官就好，这就是对他们的恩惠了。千万不要让他们担任要职。"

而长孙皇后的第二个用意就是希望唐太宗能借鉴历史，接受刘邦死后诸吕专权和汉武帝死后霍光专政的教训，防止外戚专权而危及李唐子孙的天下。她曾著书批驳汉明德马后道："不能抑退外亲，使当朝贵盛，徒戒其车如流水马如龙，是开其祸败之源而防其末流也！"她作为李家的媳妇，最希望看到的还是李唐的天下能长盛不衰。

　　皇后的地位和权力仅在天子之下，对于一个国家起着举足轻重的作用，若再进一步影响和控制皇帝，其权力之大可想而知。历史上有许多后妃弄权误国，影响朝政，甚至断送江山。长孙皇后每次读书遇到这种情况，都会扼腕叹息，为那些不明大义、弄权误国的女子悲哀。这些女人爱权势，最后的结果均是不得善终，不仅族人受尽牵连，而且往往连带着天下百姓遭殃。所以长孙皇后对外戚专权深恶痛绝。可是没过多久，长孙家的人就参与到了谋反的事情中，这个人不是别人，就是在长孙皇后年幼时曾迫害她和哥哥的长孙安业。

　　虽然长孙安业对待年幼的长孙氏不好，可当长孙氏成为皇后之后，并未报复过他。而且唐太宗还念在他是长孙皇后同父异母的兄弟，让长孙安业一直稳稳地当到了监门将军。

　　只可惜他始终心怀鬼胎，以小人之心度君子之腹，不敢完全相信妹妹的善意，还怕长孙皇后有一天会报复他，最后竟然参与到刘德裕谋逆案之中。事发之后，唐太宗决定将长孙安业斩首示众。

　　长孙皇后得知这件事后，心神不定，虽然她记恨过长孙安业，可他毕竟是自己同父的哥哥。最后长孙皇后还是决定要救他。

　　于是长孙皇后找到太宗皇帝大声痛哭起来："我们长孙家真是太不幸，怎么会出现这样大逆不道的事情。陛下对安业素有重恩，他没有立什么功劳，却当上了监门将军。他不图报答，反而谋逆，真是死有余辜啊！"

　　"你是什么意思啊？"太宗皇帝一听这话头，就知道皇后想为他求情，可是太宗知道，长孙安业素来和皇后有隙，皇后怎么反过来替他求情呢？

　　长孙皇后继续道："安业谋逆，万死无赦。然而他当年对我不好的事情早已天下皆知，如今处他死刑，外人一定会认为是我趁机报复哥哥，这对皇上您的名声也是莫大的拖累。"

　　长孙皇后如此的求情之法，让太宗皇帝忍俊不禁。明明是想要替兄求情，偏偏把大道理说到自己头上，还叫太宗反对不得。所以太宗皇帝虽然记恨长孙安业早年对待皇后之恶行，怒其谋逆之死罪，但还是看在长孙皇后的面子上，饶了他的性命。

这是长孙皇后唯一一次求自己丈夫做的人情，而她所求情的人，竟然是早年赶她出家门的哥哥。长孙皇后之所以想保护长孙安业的性命，应该也是血浓于水吧。长孙皇后的善良又一次感动了太宗。

长孙皇后从小就好读书，能恪守儒家传统的道德规范，史书记载说她"少好读书，造次必循礼则"。谨守儒家礼仪的长孙氏认为国家大事应由皇帝和身边的大臣们商量决定，所以对于朝廷上的事情，她从不过问，更不用说干预了。但是唐太宗作为长孙氏的丈夫知道自己的妻子好读书，才学渊博，每次与她对谈古今时，都让太宗获益良多，所以有时候就难免想与她谈论政事，而长孙皇后却从不在这种时候发表自己的看法。太宗问得多了，长孙皇后就推辞说："牝鸡之晨，唯家之索，妾以妇人，岂敢豫闻政事。"

然而，有些时候，她则会毫不犹豫地站出来，明确表示自己的意见和看法，并促使太宗接受其意见。她真正对太宗的"进谏"，几乎都只在他做错事要惹祸的时候才进行，都是为了李唐的江山社稷、为了帮助朝中直臣，她才会挺身而出，说别人想说而不敢说的话。如果说唐太宗以善于纳谏、魏征以敢于直谏而著称于世的话，那么，长孙皇后可以说是一个以柔克刚进谏的典型。正因为她有较好的文化修养、独特的人格魅力，所以她能够用润物细无声的方式改变唐太宗的一些错误的想法和行为。在这方面，敢于直言进谏的魏征也自叹不如。

贞观六年(632年)，文武百官一再请求唐太宗到泰山祭祀天地，古代封禅泰山需具备两个条件：一是天下太平，国家兴盛；二是天降"祥瑞"。国家兴盛说明帝王功高德显，天降"祥瑞"说明上天对帝王的表彰，这时帝王要用一种方式回告上天，就是封禅大典。然而只有魏征坚决反对这件事，他认为去泰山祭祀天地是一件劳民伤财的事情，对国家百姓没有太大的帮助。恰巧这一年黄河中下游两岸发生水灾，此事只得作罢。可是要面子的唐太宗心里十分不痛快。有一天，魏征又一次顶撞太宗，唐太宗退朝回宫，脸色铁青，一见长孙皇后就愤愤地说："有朝一日，我一定要把这个种田佬杀掉！"

长孙皇后十分惊愕地问："种田佬是谁呀？"

李世民怒道："就是那个魏征！每次上朝，他总是在金銮大殿上当着众臣的面顶撞我，让我下不了台。他

既不是元老旧臣，也没有赫赫战功，只是我从罪人中提拔出来的家伙，居然敢这样对待我！是可忍，孰不可忍！"

长孙皇后听了，心里十分担心，怕是魏征已种下祸根。但是皇后知道当面替魏征求情不会有什么好的效果，于是长孙皇后思考了一番后，默默退回内室，换上一身参加隆重庆典或祭祀时才穿的皇后宫服，出来径直跪在地上，向唐太宗稽首道贺。

唐太宗自然大吃一惊，忙问："皇后这是为何？"

长孙皇后郑重答道："古人说，只有君主圣明，大臣才能直言。现在魏征说话如此率直，不正是由于陛下圣明吗？君明臣直，这是国家和百姓的大喜，我怎能不向陛下道喜呢！"

唐太宗本就是英武之辈，听了皇后这番话后，立刻醒悟，感慨地说："多亏皇后及时指点，给我敲响了警钟，否则险些误了大事。"事后太宗皇帝不仅不记恨敢于当众顶撞他的魏征，而且深深地敬佩自己深明大义的妻子。

第二件关于长孙皇后劝谏太宗的事情也与魏征有关。皇帝嫁女儿本来就是喜事，任谁也不会去碰霉头，偏偏又是魏征惹太宗不高兴。

长乐公主，是长孙皇后所生，聪明伶俐，才貌出众，备受皇后和太宗宠爱。贞观六年，长乐公主到了出嫁的年龄，太宗决定把长乐公主下嫁给长孙无忌之子长孙冲。由于这双层关系，在准备嫁妆的时候，太宗命令长乐公主的嫁妆要超过永嘉公主的一倍。永嘉公主是高祖李渊的女儿，也就是李世民的妹妹。其出嫁时正逢唐初百业待兴之际，因而嫁妆比较简朴；长乐公主出嫁时已值贞观盛世，国力强盛，唐太宗要求增添些嫁妆本不过分。但魏征听说此事后，仍认为不妥，立刻进宫劝谏太宗说："从前汉明帝要分封他的儿子，明帝说：'我的儿子决不能高于先帝的儿子，所以分封的领地只能是先帝的一半。'现在陛下您的女儿要出嫁，论感情，您和公主是父女关系，更亲密。可是论道理，论地位，永嘉公主是高祖之女，长乐公主是不能与永嘉公主相比的。而现在您要使长乐公主的嫁妆超过永嘉公主一倍，恐怕不合伦理啊！"

唐太宗虽然觉得魏征的话很有道理，但是心里也不舒坦，而且此事因牵涉到长孙皇后，所以没有当魏征的面表明态度。回宫后，唐太宗把这件事告诉了长孙皇后，本以为会招致皇后的埋怨，可是长孙皇后听了不但不怨恨，反而非常钦佩魏征的正直无私和为大唐社稷着想的可贵品质，感慨地说："妾虽和陛下为结发夫妻，蒙受很多恩惠宠爱，可每次跟陛下谈话，总要先察言观色，不敢轻率冒犯陛下的威严。可是魏征能够引用古今道理来说服皇上控制私人感情，把事情办理得公正、令人信服，这说明他真是一心为国的大臣啊！何况魏征与陛下只是君臣关系，却敢于犯颜直谏，据理力争，以抑制君主的私情，真是十分难得啊！忠言逆耳利于行，陛下如能多听魏征的意见，国家就会安宁了。"太宗听完长孙皇后的一番话，深感皇后说得有道理！也更加深信魏征是为国为民的股肱良臣。

随后，长孙皇后又派人带着四百串铜钱和四百匹绢去魏征府上表示感谢，并传话说："很早就听说魏公为人刚正不阿，今天从您劝说皇帝减少公主嫁妆这件事上，更加清楚了您的品德，希望魏公您永远保持这种为国为民的高尚情操，直言进谏的品德不要改变。"魏征听后，深感长孙皇后贤明，也坚定了他做一个敢于直言进谏的臣子的决心。

在这两件事情后，太宗皇帝对魏征更加信任和器重。贞观初期，魏征曾数犯龙颜，前后所谏二百余事，皆为太宗采纳。正如太宗所讲："贞观以后，尽心于我，献纳忠

说，安国利人，成我今日功业，为天下所称者，唯魏征而已。"可以说如果没有长孙皇后保护谏臣、倡导直谏，这种局面怕是不会出现的。

贞观之治，长孙皇后"润物细无声"之功，和朝堂上的房谋杜断、魏征直谏、李靖的战无不克，具有等量齐观的历史意义。李世民以他的天纵之资，凝聚着一班文臣武将为大唐帝国的盛世天下而奋斗不已。长孙皇后把国家置于自己温暖的包容之下，成为整个贞观之治背后最闪光的女人。

四、勤俭持家为社稷 母仪天下理后宫

　　贞观六年和贞观十年，唐太宗先后下令取消泰山封禅和在洛阳西苑建造飞山宫的决定，史书溢美太宗说："贞观二十年间，凡俗简朴，衣无锦织，财帛富饶，无饥寒之弊。"由此可以看出贞观年间的社会风尚比较朴素，这与长孙皇后的积极努力密切相关。

　　长孙皇后身为后宫之首，积极配合太宗勤俭治国的方针。她率先提倡节俭，不讲排场，摒弃华丽的服饰，而且要求自己的儿女们和后宫诸妃，也要在生活上力求俭朴。贞观元年，长孙皇后亲自带领宫廷内外自贵妃到女官，内外命妇去栽桑树养蚕，让她们亲身体会男耕女织的艰辛。长孙皇后深知，战乱刚刚结束，国家困难重重，百姓刚从流离失所回归故乡，安居乐业的情况还没有形成，况建国伊始，百业待兴，万万不能在后宫之中养成骄奢淫逸的风气。长孙皇后率先垂范，教育子女也是如此。

　　皇太子李承乾的乳娘遂安夫人常常抱怨太子宫中的用具太少不够用，不够排场，一次她对皇后说："太子贵为未来君王，理应受天下之供养，然而现在用度捉襟见肘，一应器物都很寒酸。希望皇后能奏报皇上再增添一些。"

　　长孙皇后听了十分生气，训斥她道："身为太子，怕就怕在将来即位之时品德不高，勤政爱民、礼贤下士的美名没有建立起来，哪能想着宫中缺什么器具使用，讲什么排场呢！你身为乳娘应该多引导他向先贤学习，而不是帮他要东西。"遂安夫人听后十分惭愧，以后再也没有发生类似的事情。

　　然而对于庶出的皇子公主，这位嫡母却照料备至，在太宗众多的儿女中，有一个封号为豫章公主的小女儿，很小的时候亲生母亲便去世了。长孙皇后收养了这个小公主，对小公主的慈爱，甚至超过了自己的亲生儿女。宫里的妃嫔无不为长孙皇后的气度人品所折服。长孙皇后精心养育豫章小公主，使她成为唐太宗非常喜欢的公主之一。长孙皇后还亲自为豫章公主选择了功臣唐俭的儿子唐善识做驸马，为她找

了一个好婆家。可惜豫章公主早逝，令唐太宗十分悲痛，一个多月都穿着服丧时的素服，直到魏征劝他要以国事为重，太宗才换上平时穿的衣服。太宗之所以这么悲伤，除了是对自己喜爱的女儿去世的悲痛，怕是也想起了六年前去世的长孙皇后，因为长孙皇后寄予了豫章公主太多的母爱。

长孙皇后关心的不仅是李家的儿女，对宫中其他的妃嫔，长孙皇后也十分关怀。当她们患病的时候，只要长孙皇后知道了，都要带着最好的药品和食物亲自去看望，给予安慰，使她们尽快痊愈。有时候太宗由于朝廷的事情过于烦心，常会按捺不住发脾气并责罚宫里的侍役，每当此时，长孙皇后也会附和太宗，命令把惹太宗生气的人抓起来。之后，她再亲自问明情况，遇到太宗冤枉好人的时候，她总是会替太宗道歉，安抚侍者。然后等皇帝气消了之后再慢慢把事情的经过告诉太宗。这样既帮太宗出气泄愤，排解压力，又没有冤屈发生，实在是长孙皇后处事的高明之处。整个后宫在她的庇护下，从来没有谁受过冤枉的刑罚。后宫的妃嫔、皇子、公主以至于宫女太监们都对她满怀爱戴之情。

有一次，太宗李世民非常喜欢的一匹骏马无缘无故突然死了。唐太宗异常愤怒，要杀那个养马的宫人。长孙皇后听闻后把一段历史娓娓道来："从前，齐景公因为马死而杀人，晏子当着齐景公的面列出养马人的罪状，说：'你把马养死了，这是第一条罪状；你养死了马而使国君杀人，老百姓知道后，一定恨国君，这是你的第二条罪状；其他诸侯知道后，一定看不起我国，这是你的第三条罪状。'齐景公听后便免了养马人的罪。陛下您曾经读到过这个故事的，难道忘了吗？"唐太宗听了皇后这番话后，怒气就消了，饶恕了那个养马的宫人。事后，太宗还对大臣房玄龄说："皇后用平常的故事来启发影响我，对我的确是大有裨益啊！"

长孙皇后委婉进谏的作风，不仅让太宗和众多大臣受益良多，同时，也给她的子女及其后代做了一个良好的榜样。有一次，太宗盛怒之下欲斩苑西监穆裕，太子李治犯颜进谏说："人的生命是万物中最有灵气的，但是只要死了，就不可能再活过来。父皇盛怒之下把他杀了，恐怕未必有足够的道理，还是请父皇把他送交给长司衙门来处理吧。"

太宗虽然十分生气，可是依然听从了太子的建议，撤消了斩杀穆裕的命令。事后，长孙无忌感慨地说："自古太子进谏的时候，大多数人是趁着间歇的时候从容而言。而今天，陛下发天威之怒，太子依然敢犯颜直谏，真是古今未有之事。"而太宗则不以为意地回答说："那是因为太子和皇后一起生活的时间长了，自然而然养成的习惯。"如此看来，长孙皇后真的是曾多次规谏，拾遗补阙，使唐太宗不致因为一时冲动而在政治上犯下不可挽回的错误。

正是因为长孙皇后赏罚分明、德冠后宫，才令后宫人人信服。后宫中没有人整日提心吊胆，也少了很多宫中惯有的尔虞我诈，整个后宫在长孙皇后的治理下呈现出和谐的氛围，这让太宗皇帝有了一个安定而幸福的家。古人云："家道正而天下定。"长孙皇后为太宗解决了一半的事情，才能让太宗把更多的心思都投入到管理国家的大事中去。

五、为夫选妃胸怀广　毒药随身死相随

长孙皇后的贤惠与过人之处，还体现在她有容人之量。亲自为李世民选纳妃嫔，展现出自己母仪天下的胸襟和德行。说起此事，还有一个奇闻轶事。

按照唐朝的后宫制度，在皇后之下，贵妃、德妃、淑妃、贤妃被称为"四夫人"，在后宫内官的品级中属正一品；昭仪、昭容、昭媛、修仪、修容、修媛、充仪、充容、充媛各一人，被称为"九嫔"，正二品；婕妤、美人、才人各九人，被称为"二十七世妇"，正三品；另外还有宝林、御女、采女各二十七人被称作"八十一御妻"。也就是说，皇上除了皇后之外，还另有一百二十一位妾侍。

另外，宫中还仿照外朝的尚书六部二十四司，这是管理宫中衣食住行的系统，各设女官，有品级的就有六局十人，五品；司二十八人，六品；典二十八人，七品；掌二十八人，九品。这些是有官职的，此外还有做事的宫女，根据各局忙闲人数不定，总数常常可以达数千乃至上万。唐初，为了收拢民心，高祖李渊和太宗李世民都曾从宫中放还数千宫女。

太宗李世民没有沉溺后宫之名，曾经两次释放宫女大约五千名左右。他还先后退回新罗和高丽进献的美女。这直接导致了后宫编制的不足，身为皇后的长孙氏认为不妥，四处打听，欲意寻觅贤良女子补充后宫。

后来听说郑仁基的女儿年方二八，容貌倾国，德才兼备，于是长孙皇后就主动为唐太宗去聘娶。在长孙皇后的积极努力下，与郑家定下婚事。诏书已经发出，皇宫也已经布置妥当，皇帝要结婚，当然一派喜气洋洋，只是奉皇帝命令到郑家正式宣布的使节还没有去郑家。正在这个时候，魏征听到一种传闻，说郑氏女已经许配给陆爽，于是赶快向皇帝报告。魏征说："陛下为天下人的父母，抚爱百姓，应当忧其所忧，乐其所乐。自古有道的君主，没有不以百姓之心为心的，这是作为皇帝的常道。今天郑氏之女，早已经许配他人，陛下毫不怀疑，不问清楚就娶过来，这要传播到百姓中去，还怎样做一个百姓的君主？

我虽然只是听说这件事，然而怕这件事有损您的品德，不敢隐瞒。望陛下能留心查看这件事。"太宗和皇后闻听此事，大吃一惊，立刻下令停止操办婚礼，策使也不派发了，命令郑氏依旧嫁给原来所许配的人。

但是太宗皇帝结婚，实为天下的大事，怎能说停就停。于是众位大臣纷纷出面表示反对。左仆射房玄龄、中书令温彦博、御史大夫韦挺等都认为："郑氏女嫁给陆爽，证据并不明显，皇帝的结婚大礼已经进行，不可中止。"

同时，当事人陆爽也上表说："父亲在世的时候，确实与郑家有往来，也有赠送资财的事情，但没有涉及婚姻的事，外人不知，妄有此说。"

有了当事人陆爽的强证，大臣们于是纷纷劝谏太宗继续筹备结婚大典。这时太宗非常疑惑地问魏征："众大臣或许是顺从朕先前的旨意，那陆氏为什么要这么说呢？"

魏征说："他上表的意图我还是能猜出来的，他是把陛下等同于太上皇了。"

太宗皇帝十分奇怪地问："此话怎讲？"

魏征说："太上皇初平京城的时候，看上了太子舍人辛处俭的妻子。于是太上皇便一纸遂令将辛处俭赶出东宫去万年县做官。辛处俭整日战战兢兢，常恐自己的脑袋搬家。陆爽以为陛下现在虽然宽容地对待这件事，恐怕日后暗地里把他贬官，所以他自己才反复陈说与郑氏没有婚约，意在于此，不足为怪。"

唐太宗细一思量，摇摇头笑道："外人意见，应该是这样想的。朕之所言，未能使人必信。"于是又下了一道诏书说："今闻郑氏之女，先已受人礼聘，前出文书之日，事不详审，此乃朕之不是，亦为有司之过。授充华者宜停。"后来人们听说了这件事情，纷纷感叹唐太宗实在是不可多得的明君。

虽然此事未成，后来长孙皇后还是亲自为太宗李世民选了优秀的才女入宫相伴。作为一个女人，长孙氏是如此地爱自己的丈夫，但是她的爱不是贪婪的，不是独断的，而是无私的，她可以为丈夫选妃，也可以为丈夫牺牲自己的生命。

贞观初年，正当盛年的唐太宗忽然身患重病，断断续续病了长达一年之久。长孙氏虽然贵为皇后，但仍然昼夜不离地侍奉着自己的丈夫。在细

致入微地照顾丈夫的同时，她的腰带间一直都带着一瓶毒药。当李世民偶然发现毒药的时候，长孙皇后深情地看着太宗说："若是你有什么不测，我是不会单独活在这个世上的。"长孙皇后的毒药，映照着她的心境，印证了她对李世民的爱，这种爱是真正的生死相随，真正的至死不渝。

无法想象太宗皇帝是怎样的感动，总之，在长孙皇后悉心的照料之下，太宗的病渐渐好了起来，而她自己的身体却变得越来越差。

长孙皇后所患的病，是多年旧疾"气疾"，即现在所讲的哮喘或者肺病。用中医的观点讲，肺主气主悲，气不畅则郁闷焦虑夜不能寐。长孙皇后的气疾最受不得惊吓焦虑。可是皇家怎能无事？

长孙皇后本来就是心思缜密、多愁善感之人，她自幼丧父、寄人篱下，又嫁给了家事即国事的李世民。李世民常年征战在外，柔弱的长孙氏经历了无数个无眠不安的夜晚。天下统一后，无情的政治风云，让长孙氏承受了无比巨大的压力，多年压抑的情绪，将她的旧病越积越深，终成隐患。

贞观八年，长孙皇后跟从太宗巡幸九成宫。时值深夜柴绍等人有急事禀报，太宗知事态紧急，于是全身披甲出宫阁询问事由。当时长孙皇后正抱病卧床，听闻后立刻要起身相随，身边的侍臣劝阻皇后保重身体。长孙皇后说："皇上已然震惊，我内心又怎能安定下来。"随后，不顾劝阻坚决地跟了出来，没想到，又惹风寒，此后长孙皇后的病情开始加重。贞观九年，病情稍有好转，不料太上皇李渊不幸逝世，她不顾劳累，操持葬仪，凡事亲为，却不想旧疾又犯。贞观十年，诸子封王，她又开始为各个李家孩子操持行装……诸事种种，让长孙皇后的病情一次重过一次，终于因过度操劳而回天乏术。

皇后楷模——长孙皇后

六、看透生死忧身后　俭葬昭陵谥"文德"

长孙皇后不仅是一位非常贤德的女人，还是一位非常通达、极富智慧的女人。她懂得自然和天命，对于生命并不贪婪和强求，这说起来似乎容易，但是人皆有贪生恶死的本能，能做到长孙皇后这般的人，怕是寥寥无几。

长孙皇后气疾日重，久治不愈，以致卧床不起。在医药上费尽了心思，可皇后的病情丝毫不见好转，太子李承乾沉不住气了，一天他对皇后说："母后，医药用了这么多也不见病情稍转。不如让儿臣奏明父皇，请求父皇大赦天下，多度人入佛入道，来为母亲祈福。"

这种度人皈依佛教和道教，以此来获得神灵的保佑，使病人痊愈的事情，在当时的社会，有很多皇族都曾经做过，并不是什么离谱的事情。但是长孙皇后不同意，她忍着病痛，缓缓说道："生和死，不是人力所能改变的。如果说做善事就会有福，可是我向来也不做恶事。大赦天下是国家的大事，赦令不可轻下。况且这是皇上平素所不为之事，怎么能为了我一个妇人而乱了国家大法呢！千万不要去向你的父皇请示！"

长孙皇后的话，于情于理，都让太子无言以对。世间能有几人可以在临终之时问心无愧地说："我向来也不为恶。"可是太子眼见慈母病重日甚一日，自己却无能为力，心中难过。于是私下里把自己的想法和长孙皇后的话原原本本地告诉了房玄龄。房玄龄对长孙皇后愈加地敬重，也希望能为长孙皇后留住一点机会，于是他又把此事奏报给了唐太宗。

唐太宗和大臣们听后莫不感动，大臣们一致请求太宗大赦天下以修福祛灾。可是长孙皇后知道这件事情后，坚决反对，对来探望的太宗说："大赦天下与劝人入佛入道都是无济于事的，反而会让别人认为皇上为了我什么规矩都可以破坏，这有损皇上的盛名，也不利于以后国事的实施。如果皇上真要这么做的话，我还不如尽快死去为好！"唐太宗不愿失去这位生死与共的贤妻，可是他也十分尊重妻子的意见，最后没有那样做。

从贞观十年(636年)开始，长孙皇后的身体每况愈下。长孙皇后自知时日不多，但她还有很多事情放心不下，那些直言进谏的大臣还需要她的保护，她的孩子们还需要照顾，她的族人还要居安思危，她没能陪自己最爱的丈夫共同走到生命的尽头。

于是，趁着有一天精神还好，她派人把太宗请到自己的床边，向唐太宗嘱咐道："房玄龄侍奉陛下最久，办事向来小心谨慎，能以国家为重。陛下的大小奇谋秘计他都参与过，却从来没有向任何人泄露，实在是忠心耿耿的良臣。像这样劳苦功高的人，陛下应该重用才是，不要因为一点小事就亏待他。"

太宗默默地点了点头。妻子在弥留之际，首先想起的不是亲人孩子，不是儿女情长，而是一个因为犯了小错，被太宗罢官归家的股肱良臣。此种情怀，怎能不让太宗感动。

随后，皇后喘息一阵又慢慢说道："妾身家的宗族，因为我嫁给了皇上而富贵起来，他们能做官并没有什么特殊的功劳和德行，现在却处于高位，这是很危险的事情。请皇上为了长孙家长远考虑，切勿让他们担当重职要务，就让他们以外戚的身份拿俸行事就好。这就是对他们的恩惠了。"

接着皇后又说道："至于我自己，活着无益于人，死了就更不能让人受连累。千万不要大修陵墓，只须因山而葬，不起坟，不用厚重棺椁，以木器陶器

陪葬即可，再举行简单的葬礼就好。万不可铺张浪费。薄葬送终，就是陛下没有忘了我。"

太宗握着长孙皇后苍白的手，含泪点头。

长孙皇后见太宗答应了，脸上微露满意的笑容，然后继续说道："希望陛下能够一直亲君子，远小人，广纳忠言。重用魏征、房玄龄那样的忠臣，清除那些谄媚奸佞之徒。尽量少发徭役，不要轻易动兵。我知道陛下是勤政爱民的好皇帝，可是我不能继续陪您走下去了，我只愿大唐在陛下的治理下能年年五谷丰登，岁岁国泰民安，我死也就瞑目了。不要让孩子来看我了，他们来了徒增悲痛，也无补于事。"太宗听完这些话，忍不住泪流满面，痛哭失声。紧紧地握着长孙皇后的手，答应了她的请求。贞观十年（636 年）六月二十一日，长孙皇后病逝于立政殿，享年 36 岁。五个月后，唐太宗将深爱的妻子下葬于昭陵，谥"文德皇后"。从此，可谓史上最贤明的皇帝、皇后阴阳两隔。

"坤厚载物，德合无疆。"当年卦中短短八个字，包含了重大的责任。长孙皇后需要怎样的睿智、情操和奉献精神，才能将这八个字谱写得尽善尽美。然而她用自己短短的三十六年人生，近乎完美地为这八个字做了诠释。

长孙皇后去世之后，太宗遵其遗愿，把赋闲在家的房玄龄召回朝堂，仍复其宰相之职。朝廷上下知道事情原委的人无不赞扬长孙皇后的美德。随后，唐太宗又依照长孙皇后遗言，从俭修建了依山而建的昭陵。同年十一月，长孙皇后葬于昭陵，太宗李世民亲自刻石撰文，其文称"皇后节俭，遗言薄葬，以为'盗贼之心，止求珍货，既无珍货，复何所求'。朕之本志，亦复如此。王者以天下为家，何必物在陵中，乃为己有。今因九嵕山为陵，凿石之工才百余人，数十而毕。不藏金玉、人马、器皿，皆用土木，形具而已，庶几奸盗息心，存没无累。当使百世子孙奉以为法"。太宗的主要意思是说，以后建陵"务以俭约"，不"劳费天下"，还要求"百世子孙奉以为法"。正是长孙皇后的崇德尚俭之举为天下人做出了榜样，太宗才做出这样的决定。

贞观十一年（637 年），也就是长孙皇后去世一年之后，太宗下"薄葬诏"，

希望破除在丧葬之事上的老传统。太宗皇帝认为：人们普遍相信厚葬才是奉终，高坟才是行孝，所以将寿衣棺椁雕刻得十分华丽，运灵柩的车子和殉葬物品都镶金嵌玉。这直接导致了富裕人家超越法度而竞相铺张浪费，贫穷人家为了厚葬，倾家荡产也在所不惜。这既不利于生者，也无益于死者，理当惩处革除。于是他下诏曰："其王公以下，爰及黎庶，自今以后，送葬之具有不依令式者，仰州府县官明加检察，随状科罪。在京五品以上及勋戚家，仍录奏闻。"

从前太宗要厚葬高祖，可是如今他却向全天下下薄葬诏，当然是与长孙皇后的影响分不开的。而长孙皇后是将厚葬同无道之世联系在一起来看待的，完全可以说是放在政治的高度上加以认识的。这以后，薄葬观念渐渐被人们所接受。贞观十七年（643年），魏征死后，太宗命以朝臣一品官员的礼仪葬之，但魏征妻子裴氏说："魏征一生节俭朴素，如果用一品之仪下葬，根本不符合魏公的愿望。"所以裴氏对皇帝所赐之物，悉辞不受，以布车载着魏征的灵柩简朴地安葬了这位一代名臣。

相伴多年既是良妻又是益友的长孙皇后去世后，太宗心中十分悲伤，常常独自登上高楼无限深情地遥望长孙皇后的墓地昭陵，寄托自己的哀思。太宗经常因为过度思念长孙皇后而悲恸大哭，边哭边说："不是我不知道天命难为不可改变，就算怎样的悲伤也无补于事，可每当我退朝回宫再也听不见皇后温文如水的话语和及时的劝谏，我就会分外伤心。我不仅仅是失去了一个妻子啊，我还失去了一个能辅佐我的良臣益友啊！我怎能忘怀于她！"贞观二十三（649年），53岁的唐太宗李世民病逝，终与长孙皇后合葬于昭陵。

而对于唐朝的大臣们来说，长孙皇后的过早离世，意味着一位政治象征的消失。多年来，朝堂的大臣已经习惯了长孙皇后的关怀，他们知道太宗从谏如流的背后，是因为有一位能积极开导他的妻子。长孙皇后从细节里表现出来的大气，是贞观之治能够出现的重要原因。

《全唐诗》中有两首悼念长孙皇后的诗，分别是李百药和朱子奢所做，代表了那个时代文人墨客对这位皇后的思念，诗文如下：

文德皇后挽歌

（唐）李百药

裴回两仪殿，怅望九成台。

玉辇终辞宴，瑶筐遂不开。

野旷阴风积，川长思鸟来。

寒山寂已暮，虞殡有馀哀。

文德皇后挽歌

（唐）朱子奢

神京背紫陌，缟驷结行辀。

北去横桥道，西分清渭流。

寒光向垄没，霜气入松楸。

今日泉台路，非是濯龙游。

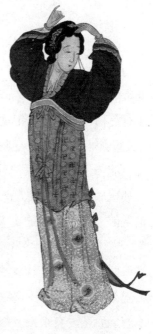

皇后楷模——长孙皇后

33

七、皇后高才著《女则》 长孙儿女附小传

长孙皇后为大唐的江山社稷奉献了自己全部的力量，真可谓鞠躬尽瘁死而后已。但是作为一个女人，作为一个自小就饱读诗书，才思敏捷、聪慧异常的才女，长孙皇后有着鲜为人知的另一面。她的文章写得非常好，而且很爱写诗，可惜如今流传下来的只有寥寥数字。

长孙皇后极富才气，她读过的史书，很多都加进了自己的批注。长孙皇后曾写文章批评汉代明德马后不能抑制外戚酿成祸端，"不能抑退外亲，使当朝贵盛，徒戒其车如流水马如龙，是开其祸败之源而防其末流也"！而在《全唐诗》中还收录了长孙皇后亲做的一首诗《春游曲》：

> 上苑桃花朝日明，兰闺艳妾动春情。
>
> 井上新桃偷面色，檐边嫩柳学身轻。
>
> 花中来去看舞蝶，树上长短听啼莺。
>
> 林下何须远借问，出众风流旧有名。

文字清雅秀丽，别有一番韵味。也许那个在上苑桃花的映照下活泼、爱笑、爱玩、思春的少女，才是长孙皇后内心的期许。也许在这世上，也只有李世民才有资格看到那份明艳动人的"出众风流"有多么的流光溢彩。

史书记载，长孙皇后还著有《女则》一书，唐以前曾广泛传播，可惜后世没有流传下来。根据记载，这部书中的内容，汇总了古代女子卓著的事迹，是长孙皇后平日翻阅以随时提醒自己所用，与班昭所著的《女诫》完全不同。在她生前，即使是她的丈夫都没有见过这部书。那是贞观十年，长孙皇后辞世不久，宫中女官突然携带着皇后编撰的《女则》十卷来求见太宗。太宗却从未听闻皇后著有此书，详询由来。女官回答说："皇后生前把历代妇人参政得失的历史编成此书，以作警戒。然而自觉文字尚不精练，不便呈献，想继续修缮，不想皇后还没有来得及修完就……"

太宗打开书卷，悲从中来，睹物思人，忍不住失声痛哭。然而当读完全文后，由衷地敬佩起自己的妻子，他对近臣说："皇后此书，足可垂于后代。"并下令把它印刷发行，希望全天下的女子都以之为鉴。可惜宋代以后，可能由于对女子读书的限制过多，《女则》这部书从此失传，后人难得窥其全貌。

长孙皇后不仅在政治上委婉地进谏太宗，在后宫中树立德行典范。她还为唐太宗养育了众多的儿女。母以子贵，太宗死后继承皇位的唐高宗李治，就是长孙皇后的第三个儿子。

唐太宗李世民一共有十四个皇子二十一个公主。长孙皇后为他生育了其中的七个孩子，分别是：太宗的长子李承乾、第四子李泰、第九子李治，以及长乐公主、晋阳公主、新城公主和城阳公主。此外，她还亲自抚养了自小就失去母亲的豫章公主。长孙皇后自己一个人，就养育了太宗所有儿女中的三分之一，作为封建时代的女性，这也是值得自豪的一件事情。

李承乾，字高明，是唐太宗的长子。李世民称帝后，年仅 8 岁的他就成了大唐的太子。年少的时候十分聪明，太宗和皇后都很喜欢他。皇后去世后，太子的声名日渐堕落。贞观十七年，因为谋反被废为庶人，流放黔州，贞观十九年去世。唐明皇时，将其陵墓迁到长安，陪葬长孙皇后之墓于昭陵。

李泰，字惠褒，是太宗的第四个儿子。年少的时候就善于做文章，而且写得一笔好字，聪敏绝伦，太宗因此而极为喜爱，特令他在府上别置文学馆，任自引召学士。可惜年仅 35 岁就去世了。

李治，太宗皇帝的第九子，也就是后来的唐高宗。性格宽厚，孝顺父母。长孙皇后驾崩之时，刚刚 9 岁的李治，悲痛异常，左右莫不感动，太宗屡加慰抚，于是特别喜欢他。贞观十七年，李承乾谋杀李泰事发，太宗废太子承乾，改立晋王李治为太子。李治于贞观二十三年即位，弘道元年（683年）卒，享年 56 岁，其妻子就是历史上著名的女皇武则天。

长乐公主，唐太宗的第五个女儿，生于武德四年。她深得太宗的宠爱，在她下嫁的时候，太宗曾要求她的嫁妆要比永嘉公主多一倍，但被魏征劝谏才没有那么做。长乐公主贤淑温婉，下嫁

长孙无忌的儿子长孙冲。贞观十七年长乐公主去世，年仅 23 岁。唐太宗悲痛万分，将女儿葬于昭陵。

城阳公主，唐太宗第十六个女儿。城阳公主先嫁给杜如晦的次子杜荷，但是杜荷跟随李承乾谋反被杀。城阳公主后来改嫁给薛怀昱的儿子薛瓘，生育三子：薛顗、薛绪和薛绍。其中薛绍是太平公主的第一任丈夫。三个儿子都因为琅琊王李冲起兵而被杀，薛顗、薛绪是直接参与，而薛绍是被牵连。

晋阳公主，唐太宗的第十九个女儿。值得一提的是，她是唐太宗亲自抚养的女儿，也是太宗最为钟爱的女儿。晋阳公主从小聪慧，喜读书，能写一笔跟太宗一模一样的飞白字，下人无法分辨真假。不幸的是，这位可爱的小公主可能遗传了父母双方的疾病，自小身体不好，在 12 岁的时候就病逝了。

新城公主，唐太宗最小的女儿，生于贞观八年。太宗皇帝曾打算把她许配给魏征的长子魏叔玉，但由于一些变故，婚事未成。贞观二十三年，太宗再为新城选夫婿长孙诠。但是由于长孙无忌在政治上斗争失败，长孙诠被流放，死于当地官员之手，新城公主的第一次婚姻以不幸告终。后东阳公主为妹妹做媒，举荐韦正矩为驸马。成婚后，韦正矩经常虐待新城公主，甚至高宗都略有耳闻。龙朔三年三月，新城公主突然死亡。高宗认为她的死跟韦正矩有关，于是命令三司审理此案。三月二十二日，高宗命令处死韦正矩，举族流放。新城公主葬于昭陵，为众多陪葬墓中离长孙皇后陵墓最近的一座。

豫章公主，太宗第六个女儿，生母死于难产，由长孙皇后养大。太宗十分宠爱豫章公主。长大后，太宗将她下嫁唐义识。不幸的是，在长孙皇后去世后的第六年，豫章公主也不幸去世。太宗皇帝十分悲伤，曾一个月穿着丧服，直到魏征进谏，才改穿朝服。

长孙皇后亲生的儿女们，除了李治做了皇帝，得享高寿以外，其余皆不长寿，早早地就离开了人世。这也算是完美无瑕的长孙皇后所无能为力的遗憾吧！

八、新旧《唐书》两立传 《资治通鉴》叹贤良

长孙皇后以她的品行情操，不仅赢得了唐太宗及宫内外所有人士的敬仰，而且还为后世树立了贤良皇后的典范。到了高宗时，高宗又尊她为"文德顺圣皇后"。

历史上能立传的女性并不多，能立传而又无一句贬语的就更是凤毛麟角了。长孙皇后用自己的胸怀才智，身体力行儒家理想中的后妃之德，终于征服了男权社会中的史官。她简短而辉煌的一生，被写进了《旧唐书》和《新唐书》两部史书之中。如果说谁是唐代最有权的女性，那无疑是武则天，如果说谁是唐代最令人敬重的女性，那非长孙皇后莫属！

《旧唐书》中给长孙皇后所立之传赞誉之词随处可见：

少好读书，造次必循礼则。

武德元年，册为秦王妃。时太宗功业既高，隐太子猜忌滋甚。后孝事高祖，恭顺妃嫔，尽力弥缝，以存内助。及难作，太宗在玄武门，方引将士入宫授甲，后亲慰勉之，左右莫不感激。九年，册拜皇太子妃。

后性尤俭约，凡所服御，取给而已。

后曰："死生有命，非人力所加。若修福可延，吾素非为恶。若行善无效，何福可求？赦者，国之大事；佛道者，示存异方之教耳，非惟政体靡弊，又是上所不为，岂以吾一妇人而乱天下法？"

贤哉长孙，母仪何伟！

中国有秉笔直书的史官传统，史书的记载大多真实可信。而前后两部唐书对长孙皇后的记载并无太大差别，可知书中所记载的事情应该属实。《新唐书》

为长孙皇后所立的传虽然又增加了很多内容，但无一不是褒奖长孙皇后之词：

后喜图传，视古善恶以自鉴，矜尚礼法。

性约素，服御取给则止。

益观书，虽容栉不少废。

如果说新旧两唐书皆是唐史官执笔，难免有溢美之词。那么由司马光所著的《资治通鉴》则绝对是可以相信的史实。

纵观长孙皇后短暂的一生，实在令人赞叹不已。她 26 岁就已经贵为皇后，然而她处尊位而不骄扈，享富贵而不奢侈，受宠爱而不忘形。她治理后宫，宽厚明达，贤惠善良，上下无不敬服；她身为皇后却能约束外戚，以身作则，为家为国；她委婉进谏，潜移默化，保护贤臣，对贞观谏诤之风的出现起了难以估量的作用；她崇德尚俭，身体力行，为天下树立节俭之榜样；长孙皇后是贞观之治背后的影子，她为当时社会的繁荣安定做了自己能做的一切。

作为妻子，长孙皇后相夫教子成就丈夫孩子的盖世英名，福及子孙；作为皇后，她辅佐李世民成就千秋大业，泽被天下，恩及苍生；作为女人，她聪慧美丽，学识渊博，远见卓识，青史留名。长孙皇后不愧为史上最令人敬佩的皇后。

铁马红颜——萧太后

萧太后名萧绰，小字燕燕，出身于契丹族一个极其显赫的贵族家庭。辽景宗即位后，她被册封为皇后，并生辽圣宗耶律隆绪。萧绰辅佐辽景宗和辽圣宗，政绩显赫。最著名的便是在辽宋对峙期间，达成澶渊之盟。这位史称"萧太后"的杰出女性，曾以皇后和皇太后的身份，在辽国政治舞台上活跃了整整四十年，为中国北部边疆的开发和北方民族的融合作出了不可磨灭的贡献。

一、萧燕燕登上皇后宝座

（一）命运转氏族恩怨

萧太后是伴随着杨家将故事的广泛流传而在民间家喻户晓的，故事中的萧太后被塑造成一个杀伐决断、专恣诡谲、侵略成性的异国女主，然而民间故事

常常与历史事实大相径庭。当我们透过历史的重重云烟重新解读这个神秘的历史人物，才发现她实际上是一位文治武功、修身兴国的英明女主。

萧太后（953—1009）名萧绰，小字燕燕。她出身于契丹族一个极其显赫的贵族家庭萧阿古只家族。萧姓家族在辽国是仅次于皇族耶律氏的大贵族，自从耶律阿保机娶了萧家的小女儿述律平，两族便世世联姻，共掌政柄，因而萧阿古只家族被称为辽国最显赫的国舅别部。皇后必出萧家，这已成为辽国政坛的"潜规则"。萧绰的祖先萧敌鲁在辽太祖耶律阿保机时曾任总宿卫一职，拜为北府宰相，是辽太祖时期的有功之臣。萧敌鲁又是辽太祖皇后述律平的哥哥，所以萧绰的族系属述律氏。萧绰的母亲是辽太宗耶律德光的女儿燕国公主耶律吕不古，父亲是当时辽朝北府宰相及驸马萧思温，是一位具有远见卓识而且崇尚汉族文明的辽国大臣。正因为其家与其本人的命运，都与辽政权有着休戚与共、密不可分的关系，为了追述萧绰非凡的一生，让我们先回到那个政权动荡而混乱的年代……

契丹建国后，可汗的世选制虽已为皇帝世袭制度所取代，但在帝位承袭中还残存着明显的世选制痕迹。太祖阿保机至景宗五朝屡屡发生的帝位之争、皇族内乱，就是基于皇位继承人的不确定而爆发的。

辽太祖阿保机有嫡子三人，长子耶律倍、次子耶律德光和少子李胡。长子耶律倍很早就被立为太子，辽太祖攻灭渤海国后，将其改名为东丹国，命令耶律倍镇守。他仰慕汉文化，尊崇孔子和儒家思想，是历史上著名的"东丹王"；次子德光为天下兵马大元帅，掌征伐和兵马大权，侍奉母后述律平非常孝顺、

谨慎；少子李胡残忍好杀，不得人心，却很得母后的偏爱。辽太祖死后，按照长幼有序的世袭制，本应由太子耶律倍继承皇位，但当时皇后述律平掌管朝政，她本来就偏爱次子，就逼迫长子让位给了次子耶律德光。就这样，耶律德光称心如意地成为了大辽国第二代皇帝辽太宗，这为以后的权力争夺埋下了隐患。为削弱和控制东丹王耶律倍，辽太宗加强了对他的监视和防范，耶律倍愤懑难忍，浮海南渡，投奔后唐。临行前他黯然留下一首诗以表达悲愤之情：

小山压大山，大山全无力。

羞见故乡人，从此投外国。

这场没有硝烟的皇位争夺之战并没有到此结束，辽国统治集团内部分化成了两大派别，即支持耶律倍的一派和拥护辽太宗的一派，这两派之间的争斗连年不休，并不断波及他们的后世子孙。

耶律倍的长子耶律阮在叔父辽太宗死后发动政变取得了王位，排挤掉了本应继承王位的辽太宗长子耶律璟，成为辽国第三代皇帝辽世宗。辽世宗在历史上是个承前启后的皇帝，他致力于辽统治机构的建立和制度的完善，完成了由契丹部落联盟向中央集权的转变。由于他的精明强干，在他执政时期，平息了祖母述律平皇后和李胡的篡权叛乱。然而由于辽世宗多启用后晋降臣而轻慢契丹贵族，招致了契丹贵族的反对，导致刺杀辽世宗的事件不断发生，严重干扰了他建立统治秩序的活动，并最终结束了他的统治。公元951年，辽世宗在南下攻打中原途中夜宿火神淀。晚上，辽世宗祭祀父亲亡灵后，设宴招待群臣和各部酋长，喝得大醉，被左右扶入内帐。深夜，燕王耶律察割率领一班酋长冲入内帐，举刀砍死了沉睡中的耶律阮，杀死了随行的许多官员和所有后妃，这就是历史上著名的"火神淀之变"。所幸在这次政变中辽世宗的次子、仅仅4岁的耶律贤（后来辽国第五代皇帝，辽景宗，即萧绰丈夫）在辽太祖御厨伙夫长的帮助掩护下，得以侥幸逃脱，保存一命。但由于耶律贤在"火神淀之变"中惊吓过度，落下了风疾的病根，身体常年虚弱，这也为日后萧绰临朝执政埋下了伏笔。这次政变使得曾被辽世宗夺去政权的耶律璟苦尽甘来，诚惶诚恐地当上了辽国的第四代皇帝辽穆宗。

至此，辽国历经了四代帝王，这段时期，争夺

铁马红颜——萧太后

王位的战争此起彼伏，亲人反目、骨肉相残。公元953年，辽国开国皇帝耶律阿保机的妻子述律平寂然去世了，但她的娘家传来了一个女婴的啼哭声，她就是此时任职南京留守的萧思温的第三个女儿萧绰，她将太后干政之路走向了巅峰。

一死一生，两个对辽国发展有重大影响的女人，在历史上擦肩而过。

（二） 出名门天资聪慧

尚在襁褓中的萧燕燕，很难说与其他婴儿有什么不同，然而时间可以验证一切。她出生时，辽立国已经三十七年，辽太祖和太宗打下的江山刚出现了来之不易的勃兴气象，至世宗和穆宗时期却迅速中衰，各种社会矛盾日益加剧，

国家形势近陷危局。在契丹民族何去何从的关键时刻，深具文韬武略的萧绰登上了契丹社会的政治舞台。她以无可匹敌的政治智慧和军事才干，锐意改革，积极进取，励精图治，兢兢业业，创造了契丹历史辉煌的一页。

三四岁时的燕燕就让人明显感觉到她将来必定是个绝色佳人，她从小所表现出的聪慧和灵动，越发使人刮目相看。她的父亲萧思温其人不仅足智多谋、工于心计、堪称干才，而且博览经史，较之于其他契丹贵族，这个家族是一个开始汉化的契丹贵族家庭，而燕燕是萧思温最喜爱的、最令他感到骄傲的女儿，这就注定了萧绰无法过平平淡淡、游牧草原的悠闲生活。尊贵的出身、独特的家庭环境，以及这个家庭与辽国皇室极其特殊的关系，使萧绰小小年纪就不能不关心契丹王朝的命运，不能不去熟悉和了解契丹所处的形势，而家庭的熏陶和她本人的天资聪慧，又培养了她"明达治道""习知军政"的治国治军才能。

一个人的性格往往决定了他的人生抉择，决定了他日后人生价值的体现。萧绰最终能成为主宰辽国命运的一代圣主并被后人认可，除了历史环境造就之外，还与其本人自身条件息息相关。

燕燕从小就与其他的女孩不同，喜怒哀乐很少表现在她的脸上，言谈举止更是无意间流露出一种特殊的高贵气质。一身秀气的她走到哪里都是众人关注

的焦点，而且对于这一点，她也总能泰然处之，待人接物落落大方，无论做什么事，哪怕是最简单的一件小事，也认认真真对待，力求做到完善。

俗话说得好：知女莫若父。萧思温早就看出这个三女儿与她的两个姐姐大不相同，便对燕燕的一言一行格外关注。有一天，草原上漫天风沙，萧思温故意叫三个女儿去打扫庭院，大女儿、二女儿都胡乱扫了几下，敷衍了事，唯有最小的萧绰认认真真地打扫了庭院的每一个角落，有条不紊、一丝不苟，非两个姐姐可比。萧思温在心里暗暗地赞叹："此女从小便如此懂事、聪颖，长大后必能成大事。"此后，萧思温有意让萧绰多接触政治，以便日后成为其得力帮手。这种直接参与实践的训练让本已早慧的她更加成熟而才能凸显。她不仅饱览了父亲的所有藏书，熟读经史，而且诗词歌赋琴棋书画无一不能，还练出一身精绝的武艺。年纪尚轻的燕燕好似一块璞玉，精雕细琢之后必然会放出耀眼的光芒。

世事变化无常，转眼间时光飞逝，不知不觉中，辽穆宗在位已有十九个年头了。辽穆宗既无政治才干，又无治国求贤之志，他酗酒、喜猎、不亲政事，既不思进取，又不虚心学习，却一味倒行逆施，排挤朝中的汉族官员，对汉民实行民族歧视，鄙视汉文明。他的种种行径，一方面激起了百姓的反抗，同时许多汉民和部分汉官不堪忍受辽王朝的苛税重负和民族歧视，纷纷背叛辽国南归。另一方面，使得朝廷中许多崇尚汉族先进思想的契丹贵族心灰意冷，萧思温便是这其中的一员。

不仅如此，辽穆宗还凶狠残暴、酷虐成性，经常因为很小的事情随便残杀贴身奴隶。野蛮的残杀激起了奴隶们的无比愤恨，终于在公元 969 年，耶律璟在怀州游猎后回到行帐，贴身侍从小哥、盥人花哥、厨子辛古等 6 个奴隶便奋起暴动，将他杀死。这样辽国又面临着一场混乱的纷争。

而此时，当年在"火神淀之变"中死里逃生的耶律贤（辽世宗的次子、辽穆宗的侄子），已成长为一个风度翩翩、满腹经纶的青年了。由于他继承了祖父"东丹王"耶律倍的汉化思想，22岁的耶律贤已熟读了许多汉族的文化典籍，而且对汉族的风

土人情也颇为了解，这一切使得这个契丹族的皇室后代身上具有更多的儒雅气质，而少了点游牧民族与生俱来的彪悍、粗犷。正是这一点才使得他在穆宗死后，朝廷混乱、政权更替之时脱颖而出。以萧思温、南院枢密使高勋、飞龙使女里为首的一派极力拥戴这位崇尚汉族文化的耶律贤继位。于是在他们的协助下，耶律贤带领一千兵士赶到穆宗灵柩前，次日黎明就宣布继位，改年号为"保宁"，耶律贤便成为辽国的第五个皇帝辽景宗。

这一重大历史变故给萧思温带来了莫大的政治利益，不仅萧思温本人继续升官加爵，官至北院枢密使，兼北府宰相，又加尚书令，封魏王，军政大权集于一身。萧绰一生的命运轨迹也从此被改变。

中国古代著名皇后

（三）遇景宗惊鸿一瞥

青云直上的萧思温春风得意，令同僚们羡慕不已、望尘莫及。然而，真正使他名声大噪的不是一人之下、万人之上的官位，而是他的三个如花似玉的女儿。这三朵娇艳无比的名门之花，香气溢满了大辽国的每个角落。大女儿胡辇嫁给了耶律罨撒葛（辽太宗次子），她妩媚豪爽，精通骑射，擅长武艺，为抵抗外族入侵立下汗马功劳，是个典型的草原美女；二女儿端庄典雅、善于心计；而三女儿萧绰更是出落成了远近闻名的绝色佳丽。

自然地，萧燕燕这个名字也早已传到了景宗的耳中。

继位不久的年轻帝王景宗也时常憧憬爱情的甜蜜。尽管他的后宫美女如云，却始终没有人能令他真正倾心。接受过汉族思想的景宗深感知音难觅，面对着身边每日只知迎合他喜好的庸脂俗粉们，他倍感孤独。所以当他听说萧家三小姐不仅拥有绝世容颜还天资聪慧时，便迫不及待地想要一睹佳丽芳容。但是他深知自己刚刚登基，皇位根基还很不牢固，如果这个时候冷落后宫妃子而硬召萧绰入宫的话，恐怕会遭到大臣们的非议。于是，他只能按捺住自己的迫切之心，等待合适的时机到来。

景宗自幼身体虚弱，时常生病。一次，他病后初愈，心情大好，就选了一个阳光明媚的日子带领侍从来到郊外打猎。当他甩掉了随行的侍从们，独自策马行进至草原最深处时，他隐约间听到远处传来女子清脆的笑声。景宗心中一动，驱马向着笑声行去。正当他四处观望寻找笑声来源的时候，一匹雪白的千里马猛然从旁边草丛中窜出，向他飞奔而来。还没等他反应过来，他的骏马就已经受到惊吓，不住嘶鸣，将他重重地摔在了地上。而这时白马的主人也勉强勒住马缰绳，气喘吁吁地坐在马背上，低头望着景宗羞涩地说道："对不起！"

景宗揉着伤痛的肩，抬头望向马背上这个鲁莽的人，他的目光接触到那人的一刹那，心里像被什么东西猛击了一下，连连暗自感叹："好一个国色天香的美人啊！"

两个人对望着，一个马上，一个马下，一个满怀歉意、含情脉脉，一个惊遇天仙，犹如梦中。真是"踏破铁鞋无觅处，得来全不费功夫"，原来，马背上的女子正是景宗仰慕已久的萧家三小姐萧燕燕，而今天的巧遇还多亏了燕燕的大姐胡辇。

能征惯战的齐王妃胡辇远征外夷，得胜归来，家人团聚欢喜异常，大姐就硬拉着小妹燕燕出来围猎。姐妹二人一路欢声笑语，就是这笑声吸引了景宗前来。调皮的大姐看燕燕端坐在马上，想戏弄她一下，就趁她不注意的时候在妹妹的千里马屁股上用力一鞭，受惊的千里马带着燕燕狂奔而去，没想到恰好撞到了闻声而来的当朝天子。也正因为这次相遇，才成就了后世"萧太后"一世英名的千古佳话，真是天意使然。

随后而至的胡辇看到这尴尬的一幕，不禁失声大笑道："如此废物的男人！连马都坐不住，真可惜这宝马啦！"

这时景宗才意识到自己的失态，连忙手撑着地想要站起来，可是由于刚才跌下马时摔得毫无准备，伤到了筋骨，所以一用力支撑便疼痛难忍，呻吟一下倒在了地上。看到这里，燕燕嗔怪了姐姐一句，便翻身下马，走到景宗面前，伸出纤纤玉手扶他站了起来。这时的景宗早已被燕燕动人的容貌和身上淡淡的幽香所深深吸引，怔怔地看着眼前的女子，说不出话来。

当她走近景宗，看清他的衣着打扮时，立即花容失色地躲到了姐姐的身后，原来她注意到这个倒在地上的青年竟然穿着皇室猎服，头戴镶嵌宝石的幅巾，以貂鼠为抃腰。"这种打扮只有当今皇上才能配得上啊！莫非……"萧绰暗暗思忖着。当她抬头仔细打量面前这个仪表堂堂、面容英俊的青年时，发现他周身显露出一种非凡的贵族气质，于是她暗自确定，这一定就是当今圣上大辽国景宗皇帝。

这时姐姐胡辇却忙着赏玩景宗掉在地上的宝刀，一点都未曾察觉到妹妹表情的变化，还兴冲冲地问景宗那把宝刀可否卖给她，甚至傲慢地嘲笑他配不上这么好的刀。燕燕见姐姐频频冒犯皇帝，急得连连拉扯她的衣角，小声道："他是皇上呀！"胡辇一怔，这才发觉自己闯下了大祸，连忙放下宝刀，垂手侧立一旁。燕燕拉着姐姐欲双双对景宗施以大礼，景宗连忙扶起了燕燕，柔声问道："你叫什么名字？"

燕燕答道："我叫萧绰，小字燕燕，那是我的大姐齐王妃胡辇。"

景宗一听到萧燕燕三个字，立即兴奋得满面通红，急促地追问："你就是萧思温的小女儿萧燕燕？"

燕燕望着景宗不解地点点头。

景宗激动地望着燕燕娇美的面容说道："果然名不虚传，真是位倾城的美人啊！"

就在这时，侍卫赶来请景宗回宫，他只好恋恋不舍地跟随侍从翻身上马，无限留恋地缓缓远去，心里满满装的都是萧燕燕美丽绝伦的音容笑貌……

铁马红颜——萧太后

（四）用心机半路夺情

邂逅了燕燕的景宗，一颗心无论如何也无法再平静下来了。燕燕的美貌让景宗倾倒，但更打动他的心的，是燕燕身上那种与众不同的高贵气质和泰然自若、处变不惊的风度，那是一种与生俱来的神韵。而燕燕身上透出的自然活力，更令他朝思暮想。于是他派人暗中打听萧燕燕的情况，然而结果却令他十分苦恼。原来这位绝世美人早已经许配给了燕王韩匡嗣的儿子韩德让。

韩氏家族在大辽国的地位举足轻重，韩德让是汉人，祖籍蓟州玉田。祖父韩知古时就投奔辽国，做了辽太祖皇后述律平的奴隶，因极具才能成为辽太祖的亲信，屡立功勋，死后名列耶律阿保机二十一名佐命功臣之一。韩德让的父亲韩匡嗣在景宗在位时被拜为上京留守、南京留守兼摄枢密使，封为燕王。而韩德让本人也绝非等闲之辈，此时的他被任命为东头奉承官、补枢密院通事。韩德让生得仪表堂堂、英俊潇洒，且文武双全，他早就听说萧家三小姐燕燕论文采、论武艺、论相貌都在辽国数一数二，只是一直无缘得见。他第一次出现在萧家时，燕燕只有 13 岁，而韩德让比她年长整整 12 岁。

一日，韩德让跟随父亲韩匡嗣来到萧家大帐做客，席间，韩德让谈吐自如、气质儒雅，令平时见惯契丹贵族子弟浮华、鲁莽作风的萧思温眼前一亮，在他眼里，25 岁的韩德让已经相当成熟精明，他认定韩德让一定可以成为栋梁之材，振兴辽国。同时他也一直在为小女儿留意门当户对、精明能干的青年作夫婿，而如今面前高大英俊、一表人才的韩家公子正是极合适的人选，想到这里，萧思温暗暗做了个决定。

正在这时，家仆禀告萧家三位小姐遛马回来了，萧思温让她们赶紧过来拜见贵客。不一会，三个戎装女子依次踏入大厅，她们一出现就吸引了大厅内所有人的目光。韩德让细细打量着她们，走在最前面的女子身着红色戎装，面容姣好，眼神凌厉而高傲，行走间显露出一种玉树临风的英气，她就是大女儿胡辇；紧接着走进来的女子身着淡蓝衣裳，温婉沉静，楚楚动人，她是萧思温的二女儿；走在最后的女孩身量最小，身着鹅黄箭袖戎装，神态平静若水，步伐轻盈，浑身散发出一种非凡的灵气，她就是传闻中能文能武的绝世佳丽萧燕燕。

姐妹三人向韩氏父子行过礼后，便立在一侧。燕燕忍不住抬头瞥向韩德让，发现他的目光正紧紧地锁住自己，便脸上一热，赶紧又低下头去。而这一切都被萧思温看在眼里，从而他越发满意自己的决定。

自从韩德让初次见过萧燕燕之后，便被她特殊的气质所深深地吸引了，但无奈燕燕年龄尚小，韩德让羞于启齿。经过反复思量后，爱情的力量终于还是战胜了理智与羞涩，他向萧思温表明了心意，而几乎第一眼就相中他的萧思温十分高兴，于是，名满大辽国的萧燕燕聘给了显赫身世的韩氏家族公子韩德让。心满意足的韩德让现在唯一盼望的就是时间过得再快一些，他的未婚妻可以快点长大。

然而世事难预料，谁能想到，好不容易燕燕长大了，两人即将谈婚论嫁的节骨眼上杀出个"程咬金"，有人要跟他抢夺未婚妻，而且这个人的实力大到连他的家族都无法抗衡。

对景宗来说，抢大臣的未婚妻确实不是件光彩的事，更何况韩家在辽国的地位根深蒂固，远可以追溯到大辽开国的年代，这种根基是刚刚上位的景宗所万万不能撼动的。他绝不能采取硬碰硬的态度，一来人家婚约在先，抢人妻子实在理亏；二来万一把韩匡嗣惹急了，带动群臣非议，对于自己还没捂热的宝

铁马红颜——萧太后

座是极其不利的。这件事他必须做得不动声色，既要娶到心仪的燕燕，又不能激怒韩家。面前的重重困境根本不能动摇景宗的心，方法想好后，剩下的就是不露声色地执行了。

首先，景宗开始提拔韩德让，拜他为上京皇城使，还授予彰德军节度使，并替代他的父亲韩匡嗣任上京留守，这样一来使得韩德让权倾京城，声望大增。

过了不久，又让他替父亲值守南京，一时间韩德让春风得意，荣耀无限。对于自己的连连高升，韩德让既觉得是情理之中，又在意料之外。聪慧过人的他暗自忖度，这其中的原因他虽然不能完全猜透，但他可以确定的事就是皇上要笼络自己，而目前来看他唯一能做的事只有静待其变。

接下来，景宗命人暗访萧府，让萧思温转交一枚玉佩给萧燕燕。后来甚至亲自夜访萧家，与萧思温长谈，将他的思虑委婉地告知了对方。直到这时，萧思温才明白为何皇上最近连连擢升韩家，一切的一切如串起的珠玑，景宗深邃的用意显露无遗。这件事有些出乎萧思温的意料了，他本来只希望女儿嫁入韩家，继续名门望族的生活，没想到当朝天子竟然会如此赏识女儿，看来燕燕的人生轨迹注定要被改变。萧思温一方面惊喜于自己的女儿要嫁入皇族，自己将荣升为皇亲国戚；另一方面，他又为女儿感到深深的担忧，因为自古后宫多险恶，自己最珍爱的女儿将要面对的，恐怕非福即祸。但是，事已至此，他别无选择。

于是，事隔几日，韩德让与景宗皇帝所赐的一名有着皇室血统的女子成婚了。公元969年，17岁的萧燕燕被召进皇宫册封为贵妃，仅仅三个月后，就被册立为皇后，入主后宫。从此开始了她长达四十年的宫廷生涯。其中协助丈夫景宗执政十三年，景宗病逝后，又以太后的身份临朝称制二十七年。在她活跃在政治舞台上的这几十年内，大辽国国力蒸蒸日上，她为北方民族的发展和融合作出了巨大贡献。而这四十年的后宫生涯，也使萧绰从一个纯真聪慧的少女成长为一个坚毅果敢、深明大义的女性。

（五）嫁皇族荣登后座

辽景宗继位后，面对国内混乱的局势和国外虎视眈眈的入侵者，的确想励精图治，大干一番事业。但无奈自幼惊吓过度落下了风疾的病根，发作起来无

法上朝管理朝政，除了依靠朝中诸位大臣出谋划策外，更重要的是依靠他的皇后萧绰。

17岁的女孩本应是天真烂漫、无忧无虑的，但是作为一国之母的萧绰却绝不能过那样清闲的日子，她还要用娇弱的身躯担负起辽国繁复的军政大事。满腹才情的萧绰自然不甘心始终做一个养尊处优的皇后，景宗的体弱多病给了她难得的机会管理朝政。萧绰运用她的智慧和才情尽心尽力处理国家大事，她眼光独到，病弱的景宗越来越依赖她，朝中上下也越来越佩服这位年轻貌美的皇后，辽国的命运渐渐掌握在萧绰手中，这使她倍感骄傲。

但是治理一个国家绝非寥寥几句可以描述得清的，尤其是当时中国的政治形势十分复杂，辽国面临着严重的内忧外患。宋、辽两个大国南北对峙，四周还有北汉、党项、南汉、吴越等几个小国各自为政。宋朝初年，宋太祖赵匡胤、宋太宗赵光义兄弟二人经过多年努力，先后灭掉一些周边小国，国运昌盛，趾高气扬，大有一统天下的雄心壮志。自然而然地，他们就把进攻的对象设定成了政权不稳的辽国。

就算宋的实力强大到有心灭辽，赵氏兄弟也不会贸然行事。为了试探辽的虚实，宋朝选择了与辽交好的北汉政权作为进攻的首要目标。于是在公元969年，也就是辽景宗刚刚继位那一年，宋朝对北汉发动进攻，希望趁着辽政权交替不稳，无暇顾及北汉的时机进攻。

北汉受到攻击后，立即向辽国求援。这时辽国军政大权已交到立后不久的萧绰手中。她从小熟读兵书，当然明白唇亡齿寒的道理，但是无奈于辽国的军事兵力实在有限，对外作战能力远不够强大，所以只能派出一支实力一般的军队前去救援，结果败给宋军。好在宋军此次也只是试探性攻击，并没打算一举

兼并北汉，所以打了一阵就自动退兵了。

当战败的消息传回辽国都城时，萧绰马上召集朝中大臣一同商讨当前形势。她明确地指出，辽国目前军事力量较弱，多是由于内部几次叛乱，无暇重视军队演练，士兵的战斗力不强。目前辽国的当务之急就是整顿内务，严明军纪，缓和统治阶级内部的矛盾，集中精力发展生产，增强国力，然后征服西方力量较为弱小的党项族，以绝后患。但是对于实力强大的宋朝，目前能采取的对策只有防御，以获得边界上的安宁，争取发展的宝贵时间。

铁马红颜——萧太后

二、萧皇后助君初展才华

（一）平叛乱初露端倪

边疆的威胁暂时被化解了，萧绰的一颗悬着的心也可以暂时放下来了。但是世事就是这样，永远不知道下一秒将会发生什么。而事情一旦发生，便不可逆转。

且说萧思温在女儿被册封为皇后之后，愈加得宠，被任命为尚书令，加封为魏王，权倾朝野。因为他拥立有功，过于受宠，以至于引起了朝中其他大臣

的嫉妒与不满。其中一些具有阴谋野心、蓄意叛乱的契丹贵族就把对景宗皇帝和其皇后的仇视火苗燃烧到了萧思温身上。

公元 970 年（即景宗继位第二年）五月，辽景宗前往闾山（今辽宁阜新）行猎，萧思温也一起随行，契丹贵族高勋和女里合谋，派人趁乱刺杀了萧思温。父亲的死令萧绰悲痛异常，但在悲痛之余，这件事也使她迅速成熟起来，敏感的她预感到有一股强大的邪恶势力将要向她袭来，会威胁到景宗的帝位和她家人的安危。

对于一个强悍的民族来说，没什么比皇权更令人觊觎，更何况高高在上指点江山的是一个年仅 18 岁的弱女子。于是，在萧绰代替景宗临朝主政的这段时间里，不断遇到来自皇族和外戚的挑战。

果然不出所料，不久高勋和女里等人开始实施他们的阴谋叛乱活动。这一次叛乱来势凶猛，且计划严密，幸亏萧绰早有提防，暗中做好了布置。在叛乱的消息刚刚爆发时，她装作毫不知情、措手不及的样子，制造出懦弱的假象来蒙蔽敌人。其实，她暗中早已派亲信打探好了叛乱分子窝藏、聚集的地点，在谋反叛贼自鸣得意、放松警惕的时候，萧绰看准时机，派人火速突袭叛军的据

点，一举歼灭了所有叛军，瓦解了叛乱分子的内部政权，平息了这场蓄谋已久、策划周密的叛乱风波。

不过，萧绰并没有因为成功地平息了这场叛乱而沾沾自喜，相反的，她更加谨慎、冷静地看待周遭的每一件事情，因为她知道，阴谋叛乱的活动绝不会到此结束，只要他们在位一天，各种邪恶势力对皇位的觊觎就多一天。不论她如何明察秋毫、精于观察，也无法看透身边人的想法。她甚至能感受得到，在宝座四周隐藏着无数双虎视眈眈的眼睛，阴冷的目光让她不寒而栗。

镇压叛乱总是要用到军队的武装力量，而每次剿灭叛军总伴随着流血事件的发生，宅心仁厚的萧绰不愿看到太多无辜的人被牵扯进来，不想祸及百姓，更不想看到武力镇压后血流成河、触目惊心的场面。究竟采取什么样的办法可以阻止叛乱发生、维持安定和平呢？首先要做的，就是分析出目前最有野心、有篡夺王位嫌疑的人，锁定目标才能有的放矢。

分析得出结论，两个人进入萧绰的视野——太平王耶律罨撒葛和赵王喜隐。

太平王耶律罨撒葛是萧绰的大姐胡辇的丈夫，也就是萧绰的姐夫。他曾因谋反败露而仓皇逃跑，扔下了妻子胡辇一人，令性格倔强的胡辇十分痛苦。可生性刚强的她却从不向别人提起，所有的哀痛都自己默默承担，外人只能看到她的倔强和放纵。然而，只有她的亲妹妹萧绰才能真正了解胡辇心中所想所愿，所以，她想出了一个两全其美的办法。

她劝说景宗赦免太平王耶律罨撒葛，又封他为齐王，封胡辇为齐王妃。下令允许他回归故里，与妻子团聚。萧绰这样做的原因有两个，一是想让罨撒葛感恩戴德、悬崖勒马；二是想成全大姐胡辇，给她一个温暖的家。被赦免后的罨撒葛想再次东山再起已经几乎不可能了，但是他明白自己的性命是操纵在皇

后萧绰手中的，而能影响到她的决定的就是自己的王妃胡辇。他知道，萧绰和胡辇姐妹情深，她是会为了顾及姐姐而对自己手下留情的。所以他不得不想尽办法讨好胡辇，但是倔强的胡辇早就看透了他的心思，她不可能再对抛弃过她的丈夫付出真心。于是这对各怀心事

的夫妻迫于各种政治、社会关系原因不得不公开表现出恩爱、和谐，实际上，他们貌合神离。这样，萧绰两全其美的办法看似奏效了，至少，她控制住了齐王罨撒葛。

去掉了齐王这一块"心病"，萧绰还有另一个更难解决的人赵王喜隐。

耶律喜隐是辽太祖耶律阿保机三子"钦顺皇帝"耶律李胡之子，他曾两次因策划谋反而被囚禁狱中。景宗继位之初，大赦天下时，他也没有获得赦免恢复王位。对此，他常常怀恨在心。但是阴险的他十分明白，身陷囹圄的他必须重新取得皇帝和皇后的信任，博取众人同情，以便他尽快被赦免恢复王位，然后一切从长计议。狡猾的喜隐摆出悔过自新、重新做人的姿态，口口声声说要觐见皇帝和皇后，当面叩谢不杀之恩。由于他不断造出种种声势，迫使执掌政权的萧绰不得不考虑对他重新安排，一来显示自己宅心仁厚，二来以平民声。经过多番考虑后，皇后萧绰决定召见他。

谁知道无巧不成书，偏偏召见喜隐的这一天，萧绰的二姐进宫看望妹妹，两人在宫门外不期而遇。

说起萧家二小姐，命运比起妹妹来逊色许多。自从父亲被人暗杀身亡之后，一直待字闺中的她一人独守萧府，倍感寂寞。贵为皇后的萧绰对于二姐的婚事也颇费心思，希望给她找一个称心如意的丈夫，但是始终没有发现合适的人选，于是她便常常派人将二姐接进宫里小住，以解其忧烦。

赵王喜隐看到萧家二小姐温婉秀丽的身影后，不禁被她的容貌所打动。当听侍卫说那是萧家二小姐，也就是当今皇后萧绰的亲姐姐时，他就暗自下定决心一定要娶她为妻。只有娶到她，才能牵制萧绰，使她顾及姐妹之情对自己网开一面。

而此时萧二小姐瞥见身陷囹圄却气度不凡的赵王喜隐，早已心有所动。两人各怀心事，彼此都有些心猿意马。当喜隐看到先行一步的萧二小姐似有若无地频频回头时，他知道，自己出狱之日不远了。

萧绰怎么也想不到平日温婉沉静的二姐提出要嫁给喜隐时，眼神会如此坚定、不容置疑。她搞不懂为什么二姐偏偏要嫁给一个负罪之人，更何况，喜隐多次策划谋反未遂，至今仍野心勃勃，绝不会善罢甘休。姐姐一旦嫁给他，且不说日后生活是否能幸福，说不定还会被牵连为叛党。但是看着姐姐那样固执的眼神，她能做的只是在内心祈祷喜隐可以为二姐的爱情所彻底改变。

不久，喜隐获得了赦免，并被封为宋王，娶了萧二小姐为宋王妃。至此，辽国最有可能篡夺王位的两个人都被暂时安抚住了，可以说，国内政局进入一个相对稳定的时期，萧绰施政重心逐渐向恢复生产、发展经济、增强军事力量转移。

随着时间的推移，在辽景宗的默许下，辽国几乎一切日常政务都由萧绰独立裁决。如果遇到什么重要的军国大事，她便召集朝中各族大臣共同协商，最后综合各方意见再做出决定。她做出的决定，辽景宗最多只是听听通报，表示"知道"了，就可以实施，不会做任何的干预。在萧绰的努力下，辽国军事日渐强盛，政局经济也步入正轨。保宁八年（976 年）二月，辽景宗传召史馆学士下谕旨说，此后凡是记录皇后所说的话，也可以用"朕"或者"予"，并成为一种定式，将妻子的地位提升到与自己等同的程度。由此也可以看出，皇后萧绰名为辅佐，实为当政，她用自己的聪明才智和实践中积累起来的治国经验，带领辽国蒸蒸日上。

（二）退宋军大获全胜

好景不长，宋朝并没有给辽国太多的恢复时间，辽的边疆安全又一次面临极大的挑战。北宋早在建国初年，就制定了"先南后北"的统一方针，由于宋朝不敢轻易进犯辽国，于是两国在一段时间内相对和平。但是宋朝始终想收回被后晋石敬瑭割让给辽国的战略要地幽云十六州。宋太祖继位后，就积极筹划收复失地。为此，他特地在宫中设立"封椿库"，准备储满五十万贯钱，就将幽云失地赎回，如果辽国不同意，就把这笔钱用做北伐的经费。

公元 976 年，宋太祖驾崩，他的弟弟宋太宗赵光义即位，他是个颇为狂妄自大的皇帝，很想在对辽关系上有一番作为，实现兄长的遗愿。在他继位后的第四年，

铁马红颜——萧太后

他就认为宋朝的力量足以一统天下了，于是他踌躇满志地亲率大军向辽国进军，这次他选中的首要进攻目标仍然是北汉。

北汉再次受到猛烈攻击，赶快派人到辽国求救。皇后萧绰派大将耶律敌烈带精兵前去救援，展开了白马岭之战。

但是由于辽国恢复发展时间不长，军队缺乏对外作战经验，致使白马岭战役失败。于是，宋军很快就攻占了北汉都城太原，北汉灭亡了。

刚愎自用的宋太宗被胜利冲昏了头脑，白马岭一战让他低估了辽国的实力，他认为辽军军纪混乱，战斗力差，没有英勇善战的将领，一攻即破。于是他在军队几乎毫无思想准备和军事准备的情况下，不顾宋军经过数月的艰苦攻战，士卒疲乏；兵力消耗颇多，战胜后又未获得例行的赏赐；士气松懈，天气炎热等不利因素，强制命令调转车马向东进军，企图乘战胜之威，立即攻下幽州。

辽国的景宗和皇后没想到宋军会如此咄咄逼人，在没有做好战斗准备的情况下仓促迎战，致使歧沟关、涿州等地相继失守，宋军顺利地挺进幽州城下。

幽州在辽朝时称为南京析津府，是辽国极为重要的军事重镇。城池墙高垒固，方圆三十余里，易守难攻。宋军以重兵将幽州城团团围困，并部署了八百架大炮轰击城墙，在宋军持续猛攻下，幽州城岌岌可危。

辽景宗和皇后萧绰得到快马回报后，焦急万分，火速召集朝中大臣商议目前形势。面对宋军来势凶猛的围攻，辽国上下分为两派，一派以景宗皇帝为首，他们慑于宋军强大的力量而不敢迎战，认为迎战必败；另一派以皇后萧绰为首，主张迎战。萧绰分析了当前双方敌对形势，认为宋军虽然强大，但是他们连续作战一定会使将士疲劳，粮草短缺。所谓"一鼓作气、再而衰、三而竭"，正是这个道理。再加上他们远征辽国，援兵粮草一时绝难到达，而辽军虽然实力较弱，但是未伤元气，足以与宋军抗衡一段时间。目前的形势其实对辽军极为有利，一方面，辽军可以发挥"地利"的优势，继续增兵增粮给幽州城内，以备正面迎战；另一方面，可以派轻骑部队包抄宋军后方，断其粮草、援兵。这样前后夹击，宋军必败。

萧绰的准确分析使得大臣们信心倍增，大受鼓舞。大将耶律休哥极力支持皇后的看法，主动向景宗请缨。萧绰当即代表景宗任命耶律休哥为统军使，派耶律沙带领另一支军队与他配合，共同救援幽州，阻击宋军。萧绰亲自出宫为即将出战的将士送行，她一再嘱咐耶律休哥用兵贵在神速，出其不意，行军作战过程中大将有决定权，只要他认为布置周全就可自行裁决，但是要及时报告战况，不得有误。耶律休哥和耶律沙见年轻的皇后如此英明睿智，不由得深深叹服，带领众将士火速向幽州城赶去。

当时固守幽州的是权知南京留守事韩德让，在他的指挥下，守城官兵顽强抵抗宋军四面进攻和炮轰城墙，整整坚持抗衡了十五天。就在宋军将士疲乏、久攻不下之时，耶律沙率领的一队精兵及时赶到。

先前耶律休哥和耶律沙两员大将拟定作战计划，决定两个人分头行动。耶律沙先率领精锐骑兵直奔幽州城，打头阵，尽快解除城内危机；而耶律休哥则领兵绕到幽州城南，同原先驻扎在那里的耶律斜轸率领的军队会合，会合后再赶到幽州城接应耶律沙的军队。

耶律沙率兵赶到幽州城后，隔着高粱河与宋军对峙着。面对宋军的威胁，耶律沙稳住阵脚，为后援军队赶到赢得了宝贵的时间。

这一天接近黄昏的时候，按照事先约定好的，耶律休哥率领的队伍，举着明晃晃的火把绕到幽州城南，与耶律斜轸顺利会合后，又立即在一座山上放出信号，告知耶律沙及城内苦守多日的辽国士兵，密定于第二天以号角为令，一同发起进攻。宋军在黑暗中看到辽军的火把闪动，虽然不知道是什么意思，却被由北向南蜿蜒行进的巨大火龙所震慑。

第二天，天刚蒙蒙亮，辽国的两路大军向宋军发起了进攻。战争进行得异常激烈，双方各不相让，拼死一战。正在这时，皇后萧绰派出的另一队轻骑军已经悄悄地包抄了宋军的后方，断绝了宋军的粮道，并抢走了宋军由后方运往前线的大批军粮。当宋军得知这一消息时，阵中人心惶惶，无暇顾及战事。宋太宗得知后，惊出一身冷汗。

宋军进抵幽州前已历经苦战，消耗颇多，又未得到充分的补充，部队的战斗力已有所削弱，现在又遭受辽军的三面攻击，已渐感不支

了。现在又听说辽军已经断了他们的援军之路，内心更加恐慌，斗志大减，纷纷逃离战场，犹如丧家之犬。而辽军在耶律休哥的带领下，乘胜追击。

宋太宗眼看大事不妙，赶紧下令撤兵，宋军失败，死者过万人。宋太宗本人腿部中箭，不能骑马，只能化装成农夫，在侍从的保护下乘驴车仓皇逃至涿州，这才幸免一死。辽军追至宋辽边境才停止，缴获了无数兵器和粮草。痛心疾首的宋太宗发誓一定要报今日之仇，以雪此奇耻大辱。

这就是历史上著名的辽以少胜多的战役"高粱河之战"。这次战役宋军全线溃败，而辽国大获全胜。究其原因，从宋军方面来看，宋太宗个人愚昧于仅仅知己，不能知彼。在平定北汉后就忘乎所以，犯下了轻敌的错误，竟以为能轻而易举地一举扫平幽云各州；辽军方面，主要归功于皇后萧燕燕卓越的军事才能，她凭借过人的胆量和准确无误的分析，主动迎战。她懂得发挥草原民族骑兵的优势，依托坚固的城防，尽可能消耗疲惫的宋军，适时以骑兵增援，挫败宋军攻势。这充分表现了她卓越不凡的军事才能和果敢坚毅的个人特质，也说明她确实是一名具有远见卓识的女中豪杰。这次宋军的失利，对以后与辽作战造成了极其不利的影响。

高粱河一战，使得年轻有为的皇后萧绰更加受到辽国君臣百姓的爱戴和崇敬，这个睿智而富有魅力的女人通过一次次危机关头的英勇决策赢得了相当的威信。

但是也使得一小撮叛乱分子妒火中烧，他们仇视这个美丽、年轻又足智多谋的女子，因为她掌握了整个辽国的生杀大权。这其中就包括萧绰的二姐夫——野心勃勃的宋王喜隐。

宋王喜隐这次谋反叛乱再一次被萧绰识破，并迅速出兵，剿灭了这一伙乌合之众。自食恶果的喜隐因谋反被黜，囚禁在祖州的土牢里。萧绰的二姐悲伤欲绝地苦苦为丈夫求情，但景宗对屡次谋反的喜隐极为反感，根本不想赦免他。萧绰对于这件事也无可奈何，宋王妃绝望至极。于是，不久之后，宋王喜隐被处死了。皇后萧绰亲自前去看望二姐，黯然地发现二姐已经完全变了样子，现在的她活脱脱是个失去丈夫的怨妇。

宋王被处死这件事对于萧绰的内心影响很大，因为随着她的实权增大，她必须面对的矛盾越来越多地暴露在面前，许多她不得不做的决定折磨着她的内心。但是她清楚地知道，喜隐是个极其狡猾又极具野心的人物，留着他只能贻害辽国，但是他偏偏是二姐的丈夫，处死他意味着她和二姐之间的姐妹情谊几乎毁于一旦。

但是，人的心智是随着环境的改变而变化的。多年以来的政治生涯已经使得原来单纯、蕙质兰心的少女蜕变成果敢、干练而又精明的女政治家。儿女情长之事只能偶尔感叹一下，绝不能改变她的决定。此时的萧绰不能用一个普通人的眼光来看待问题，因为她要保护的是整个大辽国百姓的安康，她所要捍卫的是已历经了几代的政权，她所肩负的重任迫使她要尽快成熟起来。她所面临的环境也迫使她不得不做出相应的改变，哪怕是为此要付出亲情的代价，她也不能怜惜。

（三）为人母教子有方

皇后萧绰也有极其感性的一面，因为她已为人妻、为人母。所不同的是，每个人表达爱的方式不同，心系整个大辽国命运的萧绰，将严厉的教导注入对子女深深的爱当中。萧绰一生共生下四个儿子和三个女儿，长子耶律隆绪，也就是后来的辽圣宗，从小就跟随母亲亲临政事，接受严格的教育。

萧绰从小熟读经史，崇尚汉族文化，于是她要求子女也学习汉族典籍，接受汉族先进思想。耶律隆绪在他母亲的影响下，熟读诸子百家之作，从中吸取了许多汉族封建统治的先进经验，这也为他后来成为辽国的一代明君奠定了基础。

在耶律隆绪还是个未谙世事的少年时，萧绰常常给他讲中原明主仁政爱民的故事，不仅如此，她还经常身体力行地告诉他治国之方，培养他的治国能力。她还特别注重培养儿子实际战斗的能力，每次御驾亲征，她都要带着儿子随行，希望通过战场真刀真枪的熏陶，让他在实际战斗中受到教育和锻炼。

铁马红颜——萧太后

除了这些，她还常告诫儿子要修身立性，时刻谨记自己是未来的一国之君，万不可放纵自己，玩物丧志。游牧民族多喜欢狩猎于林间，萧绰看见儿子爱在松林里打猎，就及时告诫他："前圣有言，欲不可纵。吾儿为天下主，驰骋田猎，万一有衔橛之变，适遗予忧，其深戒之！"由此可见，萧绰对儿子未来发展用心良苦，也可以说，辽圣宗能成为一代辽国圣主，萧绰功不可没。

（四）景宗薨萧绰摄政

乾亨四年（982 年）九月，位于今天山西大同的云州焦山行宫里，空气中弥漫着一种前所未有的恐慌，宫女们行色匆匆，慌忙地穿梭于各重朱红色大门；侍卫们守卫森严，偶尔彼此交换一个寓意深刻的眼神。所有人都知道，一场政权变动在所难免，随之而来的，很可能是统治阶层的腥风血雨。很快，辽景宗出猎病逝的消息传回了皇宫，一同呈上的还有景宗临终前留下的遗诏"梁王隆绪嗣位，军国大事听皇后命"。

此时，年仅 29 岁的皇后萧绰正沉浸在无限的悲伤和哀痛之中。作为一个女人，丈夫的离去比任何打击都来得更加猛烈，只要一想到从此以后生命中再也不会有丈夫的鼓励和支持、怜惜和疼爱，萧绰的心就好似掉进了万丈深渊，坚强的她忍不住放声恸哭。

但是伤心不是她现在全部的情绪，她的丈夫不是普通人，而是一国之君，他的离去酝酿着更深刻的变革，那些虎视眈眈盯着王位的人一定会将这个时候作为叛乱的绝佳时机。萧绰强忍住悲痛，冷静下来思忖现在的政治形势。

辽太祖时期就已留下诸王宗亲可以拥兵握权的陋规，这在当时是最大的隐患。《契丹国志》卷十八记载："时诸王宗室二百余人，拥兵握政，盈布朝廷。后当朝虽久，然少姻援，诸皇子幼，内外震恐。"意思是说当时契丹皇族宗室共有二百多人，分别都拥有自己的军队，以此干预朝政，主少国疑，政权极其危险。

目前她的手中拥有的只是景宗的一纸遗诏，与野心勃勃的契丹贵族手中握有的重兵相比，简直薄弱得不堪一击，根本保护不了她们孤儿寡母。她和景宗的长子当时只有 12 岁，少不更事，几乎不能指望他主持大局，而她一介女子，要想统治骁勇善战的契丹族谈何容易？所以目前她能做的，只有尽可能地笼络朝中重臣，博取信任和同情，同时掌握朝廷兵力，才能稳定蠢蠢欲动的皇族。

萧绰立即召见了大臣耶律斜轸和韩德让，在他们的面前流着泪说："母寡子弱，族属雄强，边防未靖，怎么办啊？"二位重臣立即上前安慰并发下重誓："只要你信任我们，就没有什么可忧虑的！"

于是，辽圣宗顺利继位，萧绰被尊为皇太后，临朝称制。她将战功赫赫的耶律休哥安排在南京（今北京）留守，总管南面军事，加强边防；任命韩德让为南院枢密使，后来又让他总管宿卫事，保障她们母子的安全；任命耶律斜轸为北院枢密使，管理内政事务尤其是严管贵族。

至此，在忠心耿耿的重臣协助下，萧绰顺利度过了政权交替最危险的时期。公元 983 年 6 月，圣宗率领众大臣为萧绰上尊号"承天皇太后"，从此，辽国进入了历史上著名的"承天后摄政时期"。

铁马红颜——萧太后

三、萧太后摄政大力改革

（一）稳政局纵横捭阖

辽国自建国开始，宗室诸王叛乱历史不绝于书。太祖的时候有诸弟纷争；辽世宗继位时与他的皇叔李胡有横渡之约；世宗本人又是在察割之乱中被杀的；景宗虽然逃脱了，但也因此而得了病，继位以后几乎不能上朝。在那充满阴谋和仇杀的黑暗旋涡中，萧绰辅佐景宗走过了十三个波浪翻卷的年头。离开了丈夫的庇佑，这位聪慧的女人独自一人坐稳了二十七年的江山社稷。

但是在她心底，永远也忘不了父亲萧思温是死于乱党刺杀，她对于贵族拥兵自重的害处有着最深刻的体会。于是，她在临朝伊始就着手防范王室拥兵叛乱，果断地采取了戒严的措施。

历史上记载："统和元年二月，禁官吏军民不得无故聚众私语冒禁夜行，违者坐之。"这实际上就是发布戒严令，以稳定局势。她还采纳了汉官韩德让的建议："敕诸王归第，不得私相燕会，夺其兵权。"虽然这个政策表面上看起来有些禁锢官员、百姓的嫌疑，但是我们应该看到的是，这条政令发布时，辽国正处于极其特殊的历史背景下。而这一措施实际上是针对当时手握重兵的贵族，而非针对所有民众，而且它确实达到了"人心大定"的功效，它在稳定辽朝统治、使之保持连续发展上起了重大作用。

在缓解了契丹贵族拥兵自重的危机之后，萧太后着重要考虑的是，如何重建一个稳定的、团结的统治核心集团。为了进一步稳定政权，她着力打造一个上合君心、下遂民意的统治集团。为了加强统治集团的力量，萧太后毅然决然地提出了"唯在得人"的用人方针。根据这一方针，她建立了一个新的统治核心，有"经国之材"的耶律斜轸、当时已拜枢密使兼北府宰相的汉人室昉和南院枢密使汉人韩德让。通过对他们的重用，改变了"共国任事，唯耶律、萧三族而已”的贵族统治格局。

耶律斜轸是辽代有名的大将，景宗很器重他，古书记载他"妻以皇后之侄，命节制西南面诸军"，说明他娶了萧太后的侄女，也就是说萧太后是他的姑姑，皇族和后族历来是亲上加亲，你中有我，我中有你，打断骨头连着筋，对外用兵自然会同心同德、同仇敌忾。统和元年耶律斜轸被任命为守司徒，拜为北院枢密使，他确实为辽代的中兴立下了汗马功劳。他在东面讨伐女真族，在西面大胜宋军，而且擒拿了宋军大将杨继业，他辅佐萧太后南伐，为稳定辽朝的统治尽了全力。萧太后对斜轸也十分眷顾，《辽史记事本末》引《名山秘录》说："后有琥珀杯二枚，……容酒半升许。每朝会，酌赐有功大臣，当时唯斜轸得赐数次，国人荣之。"意思是说萧太后有两个珍稀的琥珀杯，每当宴请朝臣时，就会用它们赐酒给有功的大臣，当时只有耶律斜轸得到过好几次恩赐，国人都以他为荣。萧太后还让辽圣宗和耶律斜轸在她的面前互相交换鞍马和箭矢，并且成为忘年之交。种种史料记载，足以见萧太后对斜轸的重视，可以说是用心良苦。

室昉是南京人，他在辽景宗时就已被委任重职，也是萧太后的得力之臣。统和元年，他"进《尚书·无逸》篇以谏，太后闻而嘉奖"，可见他在促进契丹统治者加速封建化的进程上起了重要作用。统和二年萧太后让他修山岭上的路，他派遣了二十万民夫，仅用一天的时间就完成了任务。在当时的历史条件下，动员二十万民工来修路，足以见得工程的浩大，而他能以那么高的效率完成，确实反映出他超强的组织能力和极高的办事效率。

三个人当中萧太后最依仗的还是韩德让。韩德让是辽代中兴的一个重要人物，他的祖父韩知古，是太祖时期的佐命功臣之一；父亲韩匡嗣任南京留守，并"以留守摄枢密使"。可见，韩氏家族在辽朝居于举足轻重的地位，他们世代参与军国大事决策，握有实权，而且韩德让又"重厚有智略，明治体"，所以他成为萧太后最得力的助手。辽景宗撒手西去之时，她茕茕子立，局势变得十分险恶，最令人忧心的是赵匡胤篡夺后周江山的局面在辽国重演。在这紧急关头，当时身为南院枢密使的韩德让挺身而出，力挽狂澜，

收拾危局。他在景宗病危时即不俟诏命，"密召其亲属十余人并赴行帐"，在萧皇后默许下，更换不可靠的大臣，随机应变，夺其兵权，使太子得以顺利即位。韩德让的所谓"亲属"，是指隶属于皇帝但由他统领的"宫分军"。由于韩德让沉着果断，一场灾难终于风流云散，化险为夷。

在这几次紧要关头，韩德让的出色表现奠定了他在萧太后心目中亲信的地位。太子即位后，韩德让一身系朝廷安危，就成了朝中权势最煊赫的大臣。萧太后摄政时期，他更是锋芒毕露，显赫一时。公元 979 年宋军攻辽的"高粱河之战"中，韩德让率领辽国守军坚守整整十五个日夜，最后大败宋军，以功勋取得南院枢密使之位。公元 986 年，他跟随太后亲征，为萧太后出谋划策，打败宋军曹彬的部队。以后又多次出征，因功绩可嘉，被封为宰相。公元 988 年，被封为楚王。公元 999 年，耶律斜轸死后，他又被提拔为两院枢密使，直至封为总揽辽国军政大权的宰相。由此可见，萧太后相当器重韩德让，而韩德让也确实是位值得信任的忠义之士。他辅佐萧太后对契丹国的经济、政治进行了一系列的改革。

萧太后的这种用人方针，自然撼动了契丹皇室贵族在朝廷中的势力，直接危及到了他们的利益。于是，许多贵族纷纷出来反对，提出不该委任异族以重任。面对这种形势，萧太后坚持己见，主张贯彻自己的任人唯贤的方针。她以皇帝的名义下诏责问："选官唯在得人，岂能以种族界限为碍？"不仅如此，她还绝不轻易偏听那些皇亲贵戚们的诽谤污言。

事实证明，萧太后的这种用人政策是极其英明的，她精明但不疑心过重，她注意发挥每个人的特殊才干，能受到人尽其责的效果。《契丹国志》记载她"神机智略，善取左右，大臣多得其死力"。耶律斜轸、耶律休哥、韩德让和室昉等几位核心重臣更是能够"相友善，同心辅班，整析蠹弊，知无不言，务在息民薄赋，以故法度修明，朝无异议"。

铁马红颜——萧太后

（二）废奴制以解桎梏

统治核心稳定之后，萧太后将改革的视角放在了辽国社会。当时辽国正处于奴隶社会，奴隶制度大大阻碍了辽国社会经济、政治的发展。萧太后发现这

一点之后，就决定从解放奴隶开始进行改革。在她的努力下，三类奴隶通过部族再编制的方式变成了部民、自由民。

首先，圣宗时期新征服的回鹘部落和王国部民，分别设部进行统治，而不再编入奴隶。统和七年（989年）规定："南征所俘者，给官田赎之，使相从。"这个措施使得新归顺辽国的百姓可以取得较为平等的地位，使他们更加容易融入契丹族，这为北方民族的融合作出了一定贡献。

其次，把原来在皇帝宫帐和皇族宫帐中负责捕鹰、冶铁的奴隶们改编成了自由民，使他们取得了部民的地位。据《辽史·营卫志》记载，改编自由民的部族有：萨里葛部、窈瓜部、讹仆抬部、稍瓦部、葛术部等等。以稍瓦部和葛术部为例，二部原属于各个宫殿以及宫帐贵族的奴隶，后来，用这二部蕃息，妥善安置，从此这两部原为捕猎和冶铁的奴隶，取得了部民的地位。

最后，使契丹自辽太祖阿保机以来，辽国从周边各族（女真、乌古、敌烈、党项等）、各部俘虏来的大批奴隶重新获得了人身自由，成了部落平民。

萧太后通过对奴隶制度大胆的改革，使处于落后奴隶制状态的辽国，摆脱了旧式的奴隶制的束缚，跨入了封建社会的崭新时期。奴隶制度的废除，调动了辽国底层劳动群众的积极性，极大地促进了辽国生产力的飞速发展，是辽国划时代的伟大转变。然而，这一改革，却触动了辽国贵族、奴隶主的利益。一部分顽固的奴隶主坚决抵制废奴运动，使奴隶制的废除运动受到层层阻碍，虽然萧太后对此采取了很多有效的措施，但仍未能在短期内使奴隶制在辽国被根除。萧太后对于奴隶制的这一改革，大大加快了辽国经济、政治的发展步伐，

它标志着封建制在辽国的确立。

（三）劝农桑休养生息

由于辽国建国前期穷兵黩武、连年征战，到萧太后摄政初期，出现了民生凋敝、百废待兴的局面。对此，萧太后采取了休养生息政策，鼓励国民发展农业生产。

首先，她倡导耕牧，采取体恤黎庶、移民垦荒等一些促进生产发展、符合社情民意的政策，倡导发展农业生产，并给予优惠政策。据《辽史·食货志》记载："统和七年二月壬子朔，迁徙三百户居民到檀、顺、蓟三州，选择肥沃土地，给牛、种谷。"这种鼓励移民的措施，大大提高了农民生产的积极性，直接拉动了辽朝经济的发展。她还多次下令保护农田，禁止耽误农时，并亲自走进乡间观察耕种，还派遣使臣劝农，进一步起到了鼓励农业生产的作用。

其次，减免租赋。统和七年（989年）六月，萧太后下诏，将燕乐、密云两个县的荒地许给百姓耕种，并免赋役十年；统和十四年，南京道重定税法，萧太后认为新法过重，下令减少。第二年，下令农民耕种滦州的荒地，免其租赋十年。据不完全统计，在她执政的二十七年中，曾三十几次下令减免赋税、赈济贫民、流民、灾民。萧太后本着"息民薄赋"的原则，减轻了农民负担，改善了农民生活，促进了生产力的发展。她不仅劝农桑，薄赋徭，还"诏疏旧渠"，兴修水利，"诏诸道劝农种树"等，这些休养生息的措施都调动了农民的积极性，推动了辽朝农牧业生产的发展，使辽国达到鼎盛时期。

（四）设科举改革吏治

如果说萧太后最初的改革开始于对奴隶制的废除的话，那么她临朝之后的改革中最重要的就是在用人制度上的革新以及对吏治的改革设置科举选拔人才、大力整顿吏治。

契丹自建国以来，对官吏的选拔一直是沿用贵族世袭制，即契丹贵族官爵世代相传，像

铁马红颜——萧太后

南府、北府宰相、枢密使等军政要职，完全由契丹贵族担任。这种世袭制不利于贤才的选用和国家的发展。而且，随着辽国统治地区的逐步扩大，民族成分也更加庞杂。辽国朝中的蕃汉两族大臣所占比重也越来越大，特别是汉族官员头脑清晰、思想进步、有勇有谋，足以担当重任。而契丹贵族子弟大多墨守成规、骁勇有余而韬略不足，所以世袭制很大程度上限制了对人力资源的开发。辽国的政权机构内部没有受到新思想的冲击，无法注入新鲜的血液。这样，使得萧太后在执政时期，虽然"宵衣旰食，夙夜忧勤"，仍时常感到举步维艰、势单力薄。

为此，她虚心学习不同民族的文化，吸取他人之长为己所用。萧太后的青少年时期是在燕京度过的，深受汉族文化的熏陶。她执政时期，极力推行汉学教育，并且学习中原汉家选拔人才的办法，施行了科举取士的制度。公元988年，萧太后下诏开贡举、设科取士，标志着科举取士的制度在辽国的确立。自此，这种制度便成为辽国选择官吏的途径之一，而且辽国的科举制主要是面向汉人的，这样还能够扩大选拔人才的范围，为有才能的人入仕打开了通路。按其规定有乡、府、省三试，乡中称为"乡荐"，府中称为"府解"，省中称"及第"。考试的科目分为词赋和法律，词赋是正科，法律为杂科。统和六年（公元988年）到统和二十七年（1009年）间，总共放贡举十七次，几乎一年一贡举。据考证，辽国通过考取进士取得官位的有五十三人，为圣宗时期的改革奠定了人才基础。

不仅如此，萧太后治国有方，听到好的建议必定采纳，闻善必从。为了笼络群臣，她给许多大臣加官晋爵，或是绘像于景宗乾陵，使群臣尽其忠而效其力。作为明主，她颇能纳谏，对于韩德让等人多次提出的"任贤去邪"建议，她都虚心接受。韩德让为大丞时，认为耶律乌不吕才能出众，可以任命为统军使，就及时推荐给了萧太后。萧太后问："乌不吕尝不逊于卿，何为而荐?"韩德让回奏道："臣忝相位，于臣犹不屈，况于其余，以此可知用，若使任之，必能镇抚诸蕃。"萧太后听从了韩德让的谏言，任命乌不吕为检校大尉。历史上女主本就很少，能做到萧太后这样广纳谏言的明主就更是屈指可数。

在选取人才方面，萧太后总是不拘泥于出身，她多次下诏，"诸部所俘宋人有官吏儒生能抱器者，诸道军有勇建者，具以名闻"，使得更多的汉人和宋朝降官能为其所用。比如宋朝进士十七人挈带家眷来投奔辽主，萧太后"命有司考其中第者，补国家官，余援县主簿尉"。萧太后这样的安排，鼓舞了汉官的士气，也使得她更加受到汉民的拥戴。

宋朝有个非常有名的汉官王继忠，他当时是宋朝的郓州刺史、殿前都虞侯，在望都之战中，萧太后俘获了他。这个人极有才干，为人刚正不阿。萧太后久闻其名，一心想收服他，让他归顺辽国。但是她也同样清楚，像这样的忠义之士，是绝不会轻易倒戈变节的。于是，萧太后就采取了"怀柔"政策，与王继忠恳切交谈，议论当今形势，品评世间豪杰，使王继忠对这位契丹国主刮目相看。萧太后又对他晓之以理、动之以情，终于收服了王继忠。王继忠归顺辽国后，萧太后任命他为户部使，又把康默记族的一名美丽女子赐予他为妻。王继忠看到萧太后如此通情达理、深明大义，也不禁心服口服，于是尽全力辅佐萧太后。后来宋辽之所以会签订历史上最著名的"澶渊之盟"，也是由于王继忠周全考虑当时形势，向萧太后进言献策的。萧太后自他归降后十分器重他，自始至终将他看做忠义之士，从来没有过度怀疑他的忠心，使得王继忠全心全意效命。

萧太后由于对人才有正确的认识，用人不疑，疑人不用，使她能够很好地聚集人才，笼络人心，巩固自己的统治地位。她的英明举措，使北方草原上不再只闻骑射声，也有了"鸟宿池边树，僧敲月下门"的琅琅书声，加快了辽国的封建化进程。她的有关用人制度方面的措施，充分体现了她"慧眼识英才"的非凡才能，她"不以种族界限为碍"的方针，更表明了其开放的思想和宽广的胸怀。

一个国家吏治的好坏，能充分显示出这个国家的政治是否清明。在大力选拔人才的同时，萧太后还整饬纲纪，主持制定实施了一系列改善辽国统治的政策，推行廉政，号令百官要以国事、公事为重，对上级官员不能

搞阿谀奉承那一套，禁止奢侈腐败行为。据《辽史·圣宗纪》载："开泰六年，诏大小职官有贪暴残民者立罢之，终身不录；其不廉者，虽处重任，即代之；能清勤自持者，在卑位亦当荐拔；其内族受赂，事发，与常人所犯同科。"同时，她实施善政，注重营造良好的社会风气，提出"有孝于父母，三世同居者，旌其门闾"，倡导孝敬父母、尊敬老人之风。另外，她还对有功之臣论功行赏，对触犯刑律者也严惩不贷，通过"赏罚信明"，达到"将士同命"的目的。她还积极采纳民众的建议，"留心听断""多合民心"，很大程度上制止了官吏对人民的搜刮和勒索，减轻了人民的负担，这些举措都大大加快了契丹社会的封建化步伐。

（五）革刑法赏罚有章

刑法制度对于百姓来说具有"双刃剑"的作用，一方面，刑法可以震慑国民，维护统治阶级统治；另一方面，过于严苛的刑法制度势必导致百姓惶惶不可终日，严重时甚至容易引发暴乱。而辽国在辽穆宗统治时期，刑法苛刻残酷，而且法度不严明，对待汉人和契丹人也不一视同仁，引起了辽国百姓的极大不满。而且，这种刑法存在弊病，致使穷苦的百姓有冤情没有地方申诉，也不能起到稳定社会局面的作用。萧太后称制后，随着大辽国的势力向东挺进，国内多民族矛盾越来越激烈。基于以上考虑，萧太后悉心留意刑法的实施情况，发现了这一弊端，及时规劝辽圣宗适当放宽刑法，而且，也积极着手修订律令。在她的授意下，辽圣宗修改了十多条法令，受到了百姓的拥护。这一针对穆宗时"赏罚无章"的法治混乱情况所制定的改革政策，一方面主张减轻刑法，以安民心；另一方面又根据当时社会的实际情况更定法令条款，的确起到了安定社会的作用。

在当时，辽国境内的汉人社会地位很低，常常受到契丹族的歧视和不公平待遇，生活很悲惨。原来的法律规定：凡是契丹人和汉人互相殴打而致死的情况，对契丹人的处理很轻，但是对汉人的处理则很重。如果是契丹人打死了汉

人，仅仅用牛马作为抵偿就可了事；但是如果汉人将契丹人打死了，这个汉人就要被处死，而且他的亲属还要发配去做奴婢。对于这种不平等现象，萧太后提出只以犯法轻重定罪，而不分民族地域。这一改革，大大维护了汉民的权利，而且有利于约束契丹人的行为。

除此之外，萧太后还多次亲自"临决滞狱"，亲自处理积压的悬案和疑案。为了取得人心，又规定"敕诸刑狱有冤不能申雪者听诣御史台陈诉，委官复问"，即下令凡是结案发落而有冤枉的人，可以到御史台上诉，并委派专门官员进行二次审核。不仅如此，萧太后还派遣出许多公正廉明的管理人员到各地"决滞狱"。在短短一年内，就两次派出大批管理人员到各地去解决冤狱。

经过萧太后选人制度、吏治和律令等方面施行的改革措施，辽国出现了"国无幸民，纲纪修举，吏多奉职，人重犯法"的美好景象，监狱里的犯人越来越少，辽国内政呈现一片兴旺的景象。

萧太后以上所进行的改革措施，从本质上来说，是为了维护自身的统治，夯实统治基础，稳固她的封建化统治地位。但是极其难得的是，作为统治阶级，她能够时刻站在百姓的角度针砭时弊，悉心观察，了解民声，顺应了时代发展的潮流，在稳固的核心统治集团的辅佐下，对政治、经济、社会、军事等各个方面进行了果断而犀利的变革。在一定程度上摒除了辽建国以来的一些陋习弊政。她革新图强的超前意识催促辽国历史的车轮滚滚向前，为辽圣宗时期完成封建化改革和辽朝盛世的到来，开创了良好的局面，打下了坚实的基础。

四、萧太后统军结盟澶渊

（一）敢爱敢恨太后改嫁

从古至今，爱情一直是个永恒的话题，只有那些有勇气去追求爱情的女子，才会尽享爱情的幸福与甜蜜。

萧太后少女时期就曾经许配给了韩氏家族的韩德让，韩德让成熟、潇洒的气质也着实吸引了她。但是辽国皇帝景宗送上那枚定情的玉佩时，这颗少女的心不知是该喜还是悲。一边是至高无上的皇帝，年轻儒雅；一边是两情相悦的韩德让，成熟稳健。命运竟然在她的生命里安排了两个如此完美的男人，是厚爱还是惩罚，谁也说不清。那时的她甚至没有选择的权利，只有默默接受。

嫁入皇室三个月后，她就被封为皇后，极品富贵将伴随她一生。但是，仅仅拥有物质上的满足是远远不够的，作为一个女人，特别是情感丰富的年轻女子，她还需要有情感的寄托，需要爱和被爱。她确实可以从景宗那里得到许多的关怀和体贴，但是更多的时候，她必须负担起治理整个国家的责任，而景宗却几乎无法帮她分担烦恼和忧愁，由于身体羸弱，景宗时常无法挨到深夜妻子处理好军国大事回来。于是，那种希望得到丈夫怜惜和疼爱的感情便时常无法得到排解。

在萧绰心目中，她的丈夫给予她更多的是权力和威望，却不能使她拥有一个平静的爱情港湾。这样，就使萧绰常常在夜深人静的时候想起昔日情人韩德让。萧绰对韩德让的感情或许可以称得上是"依恋"，但是这种依恋之情只能"埋在心底永思念，恨不相逢下九泉"。萧绰对于丈夫景宗的感情混杂着同情和喜爱，而这种感情对于当时的她来说是最现实的，她不能为一个遥远的梦想而浪费太多的精力。

然而，这一切都随着景宗的病逝而改变了。29岁的她成了寡妇，颇有一种"当年不肯嫁春风，无端却被秋风误"的嗟叹，而她和韩德让之间也渐渐从君臣关系滋生出一种新的可能。所谓寡鹄孤鸾，红颜薄命，草木易凋，韶华易逝。

在新的生活面前，萧太后充满了对爱情的渴望，她需要爱人，同时也需要被爱，她需要一个智慧、坚毅的男人陪她走剩下的荆棘之路，替她分担苦痛、分享成功。于是，压抑在她心底很久的，对昔日情人韩德让的思慕之情像一颗埋在地下的种子一样，开始破土发芽了。

临朝称制后，萧太后和韩德让有了更多的接触机会，中年的韩德让更加成熟稳健了，他渊博的学识和过人的胆量使得他具有一种特殊的不凡的气度，整个人看起来潇洒超群，极具男子汉的成熟魅力。萧太后对他的爱慕之情时常溢于言表，对此，韩德让也颇能意会。于是她私下里情殷意切地向韩德让表露了心迹："我曾经和你有过婚约，现在愿意重续旧情，我的儿子成为当朝国主，希望你能把他当做自己的儿子来看待。"韩德让本来恪守臣子之礼，不敢有非分之想，现在既然太后旧情未泯，重续前缘，他当然也不会错过良机，于是二人拉开了爱情的帷幕，也为后世留下了一段风流故事。

韩德让不仅能在精神上给予萧太后极大的安慰和愉悦，而且在事业上他还是萧太后的得力助手和不可缺少的一员大将。韩德让自从经常出入太后宫闱以来，更加严于律己，对军国大事更加忠心耿耿、尽职尽力。特别是他常劝谏萧太后的言行，使她对事情做出更合情理的处置。他不仅是太后的情人，更是她的一位最好的诤友，在他的辅佐下，萧太后才顺利地施行了临朝之初的种种改革，大大地强盛了辽国。随着二人的亲密关系日渐公开，韩德让出入宫帐，与萧绰情同夫妻，无所顾忌。他们出则同车，入则共帐，就连接见外国使臣的时候都不避忌。

萧太后在爱情的滋润下，更加年轻美丽，她对韩德让的依恋之情已越来越深。但是敏感的萧太后却偶尔能感受到情人韩德让的忧虑，因为就算是在契丹族，丈夫置结发妻子于不顾这种事，也会受到舆论的非议，更何况是重情重义的韩德让。虽然他对妻子已无爱意，但是仍对她有着歉疚之情，常受到良心的谴责。而萧太后对于韩德让妻子的位置另有他人也始终隐隐不快，毕竟他们在一起是没有名分的事。

于是，时隔不久，韩德让的结发妻子神秘地死去了。对于她的死，世人众说纷纭。其中流传最广的一种说法是，萧太后派人毒死了韩德让的妻子。这种说法究竟是否属实现在已无所查证，但是随后不久萧太后与韩德让的变相婚宴却是史书有载。公元 988 年 9 月，萧太后一反从前在皇宫中宴请皇亲众臣的惯例，在韩德让的帐室中大宴群臣，并且对众人厚加赏赉，并"命众臣分朋双陆以尽欢"，所有人都明白，这就是萧太后改嫁韩德让的喜宴。这件事等于是公开宣告了萧太后改嫁的事实。

改嫁在契丹族的风俗中是再平常不过的事情，不像汉族风俗那样，女子丧夫必须守寡一生，以守贞节。但是萧绰作为大辽太后的身份地位实在太特殊了，一位契丹太后下嫁汉族臣子，无异于冒天下之大不韪。但是我行我素的萧太后没有理会那些质疑的声音，封韩德让为楚国公，官至丞相，总理南北院枢密使事务，权倾一朝；还废除了他的奴隶身份，赐名耶律隆运，名列耶律阿保机的直系后裔；辽圣宗赐他铁券几杖，上朝不拜，让他列置护卫百人，同天子仪，韩德让成为辽国权力最大的实权人物。

对于韩德让继父的身份，辽圣宗耶律隆绪不但毫无反感，而且对韩德让有着发自内心的尊敬和父子般的感情。因为韩德让待他们如同自己的子女一样，倍加关心和疼爱，使他们从韩德让那里感觉到的父爱甚至比自己生父还要浓。因此，他们对于韩德让就像对辽景宗一样敬爱。辽圣宗每天都让自己的两个弟弟隆庆和隆佑去向韩德让问候起居，而且让他们在离韩德让寝帐二里以外的地方就必须下车步行。韩德让如果离京外出返回，两位亲王也要亲自去迎接，问安拜见。作为辽国皇帝的辽圣宗本人去见韩德让时，礼节更是一点都不含糊。他会在五十步以外的地方下车步行。虽然韩德让走出大帐迎接，隆绪却一定会先向他行礼，进帐后更是由韩德让高居上座，自己极为恭敬地向他行父子家礼。

萧太后的儿女们对韩德让的认可，使得辽朝宫廷上下愈发尊敬韩德让，把他视作景宗第二。他们甚至认为，性情刚烈的萧太后能有韩德让这样优秀、挚诚的男子相伴左右、出谋划策，实在是辽国的大幸。所以，对于韩德让和萧太后之间的恋情，他们都公开地认可了。于是，韩德让体面而风光地陪伴萧太后度过了许多个春

夏秋冬。

一个权倾辽国的女人，让丈夫、儿子、情人深爱一生，丈夫不计较权杖，情人不计较名分，儿子不计较名声。她度过了丰富而绚丽的一生，这种奇迹实在要感谢游牧民族的胸怀豁达、豪迈奔放。纵观历代后宫，只为得到皇帝宠幸而空等一生的悲戚妃子数不胜数，她们是封建皇帝制度的牺牲者。在主动追求幸福方面，她们中的任何一位都无法与大辽国的萧太后相比。

作为一个女人，萧绰的一生是成功和幸运的；作为一位母亲，她贤良慈爱、教子有方；作为一国之主，她是强有力的铁腕娘子；而作为敌对的一方，她又是那样果敢善谋、胜券在握。可以说，她的人生是由多种角色、种种爱恨情仇谱写而成的一首绚丽多彩的诗歌。

（二）战沙场铁骑红颜

自古以来，驰骋沙场的巾帼英雄并不少见，但说到文能治国、武能征战的女主，就只有辽国的萧太后了。她汇集智慧、胆识与魄力于一身。在国家面临外敌入侵、极端危难的时刻，她能够冷静地分析敌我形势，果敢决策；在国力昌盛时，她又凭借着草原民族特有的骁勇善战的特性，巩固边防、南下征服。她不仅是一位了不起的少数民族女首领、女政治家，更是一名难得的军事将才。她以纤纤女流之身，亲御戎车，指麾三军，最终与宋朝签订了著名的"澶渊之盟"，留下了另一段沙场传奇。

萧太后摄政之初，就面临"族属雄强，边防未靖"的危机局面，她通过对政治制度的巧妙改革稳定了国内的局势，夺得了兵权，把全国的军事大权掌握在了自己的手中。这样"族属雄强"的问题相对得到了缓解，但是"边防未靖"的局面却令萧太后十分头痛。

当时，辽国的军队不到二十万人，东有女真，西有西夏，南有北宋，这一点点兵力是十分匮乏的。为了巩固边防，萧太后在最大限度上利用这些兵力，让他们的作用发挥到了极致。

首先，对盘踞在辽国周围的弱小国家，萧太后采取先发制人的方针，通过运用武力与劝和相结合的手段，先后收复了辽国的几个毗邻的国家，这样既稳定了局势，又扩大了辽国的统治范围，使自身日益强大起来。

早在景宗时期（981年），萧太后就派遣耶律阿没里等将士率兵征讨了高丽和女真，获取了一些胜利，但是始终没有完全占有他们。到了公元986年，萧太后又派耶律斜轸率兵讨伐女真，攻占了女真的领土。同年，高丽看到女真已降，也上表请降。这样，女真和高丽就划归了辽国的版图。辽的东西边防得以巩固。紧接着，萧太后又与西夏言好，两国结为同盟，互为通好；派大将萧挞凛武力收复党项族、阻卜族，安定西北的边防重镇。这样一来，西北、西南的边防逐渐得到了巩固。

通过萧太后对毗邻国家的东征西讨，可以看出，她的基本战略是依仗自己的较强势力兼并弱邻，这样做既能部分解决"边防未靖"的问题，又能扩大疆土，扩展势力，这实在是一个一举两得的好办法。

对待南边强大的北宋，萧太后决定暂时不去主动挑衅，因为北宋的军事实力和综合国力远远超过辽国。如果主动挑起战争，势必会十分被动。但必要的防备是不可缺少的，萧太后很清楚地知道，与北宋的一场恶战是不可避免的，只是时间的早晚和双方当时局势问题而已。于是，她便派得力大将耶律休哥驻守南边，巩固南边的防线，注意观察北宋的动态，而且不断派出间谍潜入北宋，打探敌军的实力。

从萧太后对边防形势的分析和处理上来看，她采取的是"以强敌弱，以弱防强"的策略。事实证明，这种战略是完全正确而英明的，这一策略为日后辽国取得与宋大规模战争的胜利奠定了基础。

萧太后非凡的军事才能不仅体现在对局势冷静、客观的分析上，还体现在她对辽国军事力量的提升上。她认为，军队的数量不是最重要的，重要的是军队的战斗力，即"兵贵精"。为此，她着手改编了军队，淘汰了军队中的老弱病残，组成了由汉人为主的精锐部队，自己亲自统率。

萧太后治军还非常注意整顿军纪，她下令"军中无故不得驰马，及纵诸军残南境桑果"。可见萧太后军纪严明，不容疏忽。她还注意赏罚分明，令行禁止，而且对受伤的将士也极为关心。当将士在战争过程中中箭负伤后，她立即亲自探望伤势，并且赐名贵药材。可见，萧太后治军颇有一套，既军法严明，又能以仁义之心感动众将士兵。这样，辽军士气大振，将士争相效命。

（三）歧沟关以弱胜强

10世纪后期的辽国国势迅速中衰，直到萧太后执政，决策国事，政局才得以稳定，但其国力和军事实力仍远远落后于宋朝。公元986年萧太后临朝称制之初，北宋大将贺怀浦、贺令图父子及刘文裕等，听说萧太后与韩德让的风流韵事之后，联同文思使薛继昭等人相继向宋太宗进言："如今契丹主年幼，国事决于其母。而其母与韩德让之间的关系伤风败俗，定然招来国人痛恨，辽国肯定内乱，上下不齐心，会有谁愿听一个败坏妇德的女人指挥？现在正是对辽用兵的大好时机。"宋太宗闻报后也认为这是一个难得的进军良机，在他看来，夺回失地固然重要，雪洗高粱河一战大败的耻辱、重振国威亦是不可小觑的动力。他认为一个女人当朝不会有什么作为，但他们实在太低估了这位治军与治国同样英明的契丹女主了。

经过一番部署与准备，宋太宗于雍熙三年（辽统和四年，986年）的三月，对辽国发动了历史上著名的"雍熙北伐"。

宋太宗此次率三十万大军，兵分东、中、西三路发起进攻。东路由曹彬、米信率领，出兵雄州；西路由潘美、杨继业率领，出兵雁门；中路由田重进率领，出兵飞狐（今河北涞源北）。

战争伊始，宋军咄咄逼人，连取歧沟关等地，气势如虹，大有一举收复幽、蓟之势。但正是因为宋军连破城池、锐不可当，才认为辽兵不堪一击，从而滋生了骄傲的情绪；同时，各路人马急功近利，派生出许多无端的矛盾。

面对如此危急的形势，执政仅三年的萧太后立即召开了御前紧急会议，决定从各地调集兵马赶赴前线战场。她以过人的谋略和胆识，采取了诱敌深入、各个击破的战略战术。她一面运筹帷幄，发兵点将，派出耶律斜轸、耶律休哥等大将率辽军杀奔各地战场，又调动东征兵马作为支援；一面为了鼓舞士气，亲自带领年幼的辽圣宗御驾亲征，驻扎在驼罗口（今河北涿县东北），坐镇督战，阻止曹彬的军队向北进发。对于萧太后此行，朝中大臣纷纷劝阻，让她不要带幼帝出征，以防不测。可萧太后为了让儿子在实际的战斗中锻炼才智，为日后统治国家积累经验，驳回了众臣的建议，毅然带领幼帝出兵。

此时，曹彬的部队已经深入到了辽国边境之内。萧太后冷静地分析了当前局势，她认为曹彬此时是孤军深入，如果断其后路，势必会不战自败。于是，她派耶律休哥包抄宋军后路，阻断水源粮道。她自己则率大军与曹彬对峙，白天大摆进攻的姿态，晚上派出一小股骑兵偷袭曹彬大本营。这样虚实相间、真假难辨地迷惑曹彬，使得他错误地将自己的主要兵力放在了对付萧太后上，根本想不到自己的后路已经被切断了。双方僵持了一段时间后，曹彬渐感事情不妙，此时后方来报说部队的后援被切断了，他这时才知道中计了，立即率军撤退。萧太后等的就是这个时机，她向辽兵发号施令，挥师追剿。曹彬此时已无心恋战，只顾拼命撤退，偏偏又迎来早已包抄他们的耶律休哥。面对着后有追兵、前有拦截的形势，曹彬心中苦不堪言，深悔中了萧太后的计。然而此刻也别无他法，只好组织军队大力突围。宋军在撤退途中伤亡很多，战局在这种形势下发生了改变，逐渐向着有利于辽国的方面发展。

这一年五月，曹彬及其部队退至歧沟关时，耶律休哥率领辽军也尾随而至，曹彬被迫迎战。双方在歧沟关摆开了阵势，进行决战。宋军因为连日以来的苦战，死伤甚众；又因为粮草救济不上，士兵几乎是饿着肚子作战，士气十分低落；而辽军则士气高昂，兵精粮足。宋军前无增援，后有劲敌。经过几个回合的厮杀，辽军终于打败宋军，一直把宋军逼到易州东部的大沙河。大沙河水流湍急，宋军到此后，正要休整，就见从辽军中杀出一队人马，为首的是一员女将，英姿飒爽，神采飞扬。

原来她就是萧太后，她马不停蹄地赶至疆场，横戈马上。宋军面前是奔流不息的大沙河，身后是虎视眈眈的辽军，走投无路之时他们纷纷冒险渡河，想留得一命。萧太后一声令下，辽军呐喊着冲到近前，一阵厮杀后，只见宋军四处逃窜，死者过半，尸横大沙河，甚至阻断了奔涌的河流。辽军取得"歧沟关大

铁马红颜——萧太后

捷"，随即凯旋。

腾出了兵力，萧绰转而对付西路宋军，极大地鼓舞了辽军的士气。宋太宗连忙下令西路军全线撤退。宋军士气低落，一路连吃败仗。萧太后这边却连连收到前线传来的捷报，辽军在宋军中路和西路均取得了重大胜利，萧太后重赏了作战有功的将士，使士气大涨。

辽军大将耶律斜轸与杨继业的部队在代州附近遭遇，双方展开了一场激战，打得难解难分，正在这时辽军假装兵败而逃，杨继业进兵心切，率五千精锐追击。萧太后神机妙算，事先在陈家谷埋伏了重兵，等到杨继业的部队进入陈家谷，埋伏在此的主力士兵全面出击，四面合围。一阵乱箭之后，宋军损伤惨重，杨继业得不到后方有力的支援，最后包括他儿子杨延玉在内的所有部属全数丧生，杨继业本人也被活捉，悲愤之下绝食殉国。因此，辽军士气大振，而宋朝守军则大受打击，还没对敌就已经失去了信心，无法守住已经夺得的土地，辽国顺利地收回了所有的疆土。

这场战争辽军取得了完全胜利，自此以后宋朝更无招架之力，对辽的战事，由战略进攻转为战略防御。萧太后作为最高指挥者，睿智而有韬略，善于把握战机，用兵无常法，她重用德能之士，赏罚分明，多得将士死力。这与墨守成规、派监军控制军队、常用阵图指挥作战的宋太宗形成了鲜明对比。由此看来，此次战争宋辽双方的胜负不言而喻。

（四）攀巅峰澶渊结盟

"雍熙北伐"的彻底失败对于宋朝来说，使得宋朝统治阶级对收复燕云十六州吞并辽国一事逐渐丧失了信心。宋朝内部主战和主和两派之间的斗争中，主和派占了上风。而宋太宗赵光义这时已经步入暮年，经过两次以多败少的失败征战，他青年时代兵戈铁马的锐气已经大减，丧失了一统江山的雄心壮志。他基本同意了主和派的消极主张，认为只要自己不去攻打辽国，辽国也不会主动进犯宋朝。在这种思想的驱使下，宋太宗开始了歌舞升平的迷乱生活，连训练军队、储备军粮这些基本防卫行动都懒得去做了。

宋辽之战，虽然最终辽军获得了胜利，但这胜利却是得来不易的。辽国境内战火所到之处，满目疮痍，战乱中所波及的城市百姓流离失所，辽国为战争所费人力、物力、财力不计其数，这一切让萧太后十分痛心。她清楚地知道，要想免受外族的入侵，只有努力将辽国的经济、军事、政治实力提升，一味的防御和退让无法停止侵略者的脚步。于是，她加大了对国家政治、军事、经济的改革力度，尽快恢复、发展辽国的综合国力。

两次宋辽之战，辽国都以少胜多、以弱克强，保住了自己的领土完整，萧太后对此感到十分欣慰和自豪。辽国的百姓和朝臣看到威风凛凛的大宋王朝也不过如此外强中干，其少数民族好战斗勇的强硬之性逐渐膨胀起来。有关中原的种种美好传说和璀璨的汉族文化，更是深深地吸引着他们。渐渐地，占有这块神秘土地的愿望在辽国统治者心中滋生。

而萧太后此时更是意气风发、雄心勃勃。现实的生活、兵戈铁马的战争岁月，已把她完全锻炼成为一个老练而果敢的女统帅。少女时代玫瑰色的梦想早已离她远去，取而代之的是风霜雪雨的峥嵘岁月。作为一个女人，这一切实在太残酷了；可作为一个王朝的统治者，这样的考验和磨炼却是必不可少的。

萧太后的心始终没能真正平静过，一波未平，一波又起，很多时候她都是被时势逼迫在危急的环境下果断做出决定，而并非已做好了足够的心理准备。在一次一次的战乱中，她深深体悟到国泰民安必须依靠强大的军事力量，而要想长治久安，就必须要有雄厚的实力。要实现这一点，仅仅依靠辽国军队自身的发展和稳固的防御措施是远远不够的。她的国家需要更多的资源来保持社会经济的高速发展，于是她将目光史无前例地投向了幅员辽阔、物产丰富的宋朝，她想变以往的被动挨打为主动进攻。为此，她进行了积极的准备。

她在辽国实行休养生息政策的同时，不断派人南下潜入北宋境内刺探情报。当她得知宋国已无意北进时，不由心中窃喜。不久，萧太后得到宋国朝廷的腐败统治、奸臣当道，不断引起官逼民反的起义事件的消息，这使得萧太后更加跃跃欲试了。然而，她绝不是个刚愎自用、鲁莽冲动的人，她清楚地知道，宋朝虽然政治腐败，但它强大的国家实力

铁马红颜——萧太后

85

还是不容忽视的，要实施大计，就必须耐心等待时机成熟。

公元998年，宋太宗赵光义去世，他的儿子赵恒继位，也就是历史上的宋真宗。宋真宗的才干远远不如他的父亲，他长于深宫妇人和宦官之手，从来没有亲历过战争，对打仗有着本能的畏惧，而且优柔寡断、胆小怕事。他即位后，推行"守内虚外"的政策，宋朝国运开始走下坡路，局势每况愈下，这就为萧太后南下创造了条件。

中国古代著名皇后

萧太后经常召集满朝文武百官商议对宋发动进攻一事，文武大臣都觉得此举可行，但萧太后沉稳地分析了敌我形势。她认为宋朝虽然目前政治不清、新主不明，但是它毕竟拥有中原历朝历代的发展积淀，国势不可能轻易一泻千里。更何况，北宋朝廷中有几位主战派的大臣，极为深谋远虑，不能掉以轻心。所以，目前最重要的就是摸清宋军的军事实力到底如何，因为光靠推断是远远不够的，所以绝不能轻举妄动。但兵贵神速，看准时机一发即中也是十分必要的。最后，他们商讨决定先派兵发动一次试探性的进攻，待摸清底细、探明虚实后，再大举南下，挥师灭宋。即使最后辽军不能达到灭掉宋朝的终极目标，至少也可以夺取大批粮食财物，劫持大批百姓北归，充实辽国的国库和农业生产的劳动力。

于是，在公元999年的冬天，萧太后派萧继远率领一支队伍南下作试探性进攻。临行前，萧太后一再嘱托萧继远：此行只是摸底，如遇强敌，千万不可恋战。

萧继远接受指令后，率军出发了。果不出萧太后所料，进军初始，由于宋朝主和派消极待命，不积极配合作战，使得辽军深入宋国边境较为顺利。但后来，宋主战派的顽强抵抗，使得辽军南下大大受阻。就这样，萧继远率兵迅速北撤，回朝复命。

萧太后听完萧继远的战报后，与圣宗探讨攻宋一事。圣宗认为攻宋一事仍要进行，这次虽然受阻了，但他们已从中了解到宋军主和派的态度极有利于他们灭掉宋国。他们在朝中势力较大，致使宋军战备松弛、警惕性不高。如果辽军派出大量精锐部队，以迅雷不及掩耳之势南下进攻，不难突破宋军的防线。

但是鉴于宋军中的主战派也极具作战经验，所以这件事他们不能操之过急，要从长计议。

圣宗的看法正好和萧太后不谋而合，于是在以后的三年里，萧太后每年都派军南侵，以便为更大规模地进攻宋朝做好试探性的准备。

公元 1004 年，年逾半百的萧太后毅然决定带领时年 29 岁的儿子圣宗御驾亲征，倾全国之力，以收复瓦桥关为名，率二十万大军倾国南下，对宋朝发动最后一次总进攻。

战前，萧太后缜密地分析了辽宋双方的优劣势：辽的优势是骑兵灵活机动，可随地取食而不顾后勤供应线的长短，能进行远距离的、跳跃式的作战，善于寻觅战机，进而取得战略与战术上的主动；辽的劣势在于经济困难，兵源偏紧，攻易守难，难以持久，所以务必要速战速决。宋的优势是武器精良，经济上相对宽裕，兵员充足，以逸待劳，攻难守易；宋的劣势是用兵必须保证每日的后勤供应，军费浩大，而且步兵较多，不利于长途奔波，士气时起时落，很不稳定。

鉴于此，萧太后制定了此次南下攻宋的军事战略：扬长避短，快速制敌。

那年九月己丑日清晨，辽军二十万兵马聚集在上京西南的石桌子山附近，分列四十个方队，覆盖了石桌子山周围广阔的草原。草原上战马嘶鸣，旌旗蔽日，刀光剑影，铠甲生辉，将帅威武沉着，士卒斗志旺盛。

辰时，只见一队人马从辽国都城上京方向急驰而来。在军队最前方的是萧太后，紧随其后的是圣宗。韩德让、萧挞凛等将领保护在其左右。最前面打着龙凤日月大旗，萧太后骑着桃红宝马，身着黄袍银甲战服，手持方天画戟，威风凛凛，杀气腾腾，俨然是冲锋陷阵的勇武将军。

只见萧太后母子二人风驰电掣般掠过方队，跃马登上石桌子山顶。萧绰高声宣谕："宋朝欺我新主年幼，欲夺我燕云宝地，数年征战，宋军元气大伤，但仍为我大辽之后患。为了打击敌人，巩固疆土，今我与皇帝御驾亲征，望我大辽将士，精诚团结，勇敢杀敌，夺取最后胜利！"全体将领兵丁知道皇太后与皇帝亲征，备受鼓舞，精神大振，雀跃欢呼。

辽军自幽州取道南下，避实就虚，势如破竹，一路所向披靡，直抵宋朝军事重镇澶州（在今河南省濮阳县西南）城下，兵锋直逼宋朝京城汴梁（今河南省开封市)。

消息传到汴京后,已经疲于应战的宋真宗惊慌失措,朝廷上下慌乱不已。辽国萧太后的威名早已响彻宋朝全国,这一次她亲自挂帅,看来宋朝凶多吉少。再加上朝中主和派也乘机煽风点火,鼓吹辽军如何勇猛,萧太后如何能征惯战,以此制造紧张气氛。主和派代表参知政事王钦若是南方人,他以确保皇帝安危为名主张迁都金陵(今江苏南京),再加上枢密院院士陈尧叟提议逃往四川成都,两人为此争论不休,搞得宋真宗一时间举棋不定,无所适从。这时候,北宋名相寇准上前一步请奏。寇准是位具有雄才大略的忠义之士,宋真宗很信任他。寇准看到朝中堂堂中枢重臣,竟然公然主张不战而逃,极为愤怒,断然说道:"谁为陛下划此策者,罪可杀也!"并且声色俱厉地要求将主张迁都的人斩首,逃跑派的气焰才被遏制住。紧接着寇准慷慨陈词道:"辽军虽然勇猛,但辽国地少,人力缺乏,战争持续了这么久,他们的后备力量一定匮乏,这次他们倾国而出,也好似强弩之末。这个时候只要圣上您御驾亲征,人心振奋,文武大臣协作团结一致,辽军必将逃遁。辽军来攻,我们可出奇计骚扰,打乱其进攻计划,也可以坚守不出,使辽军疲惫不堪,再乘机打击,这样就可稳操胜券。如果退至江南或是四川,则人心动摇,辽军乘势深入,大宋江山还能保得住吗?"寇准的话掷地有声,立即得到了宰相毕士安和武将高琼等人的强烈支持。宋真宗内心实在很不情愿,但此时形势逼人,朝堂上主张亲征的一派占了上风。在迫不得已的情况下,宋真宗勉强同意亲征。

萧太后很快就探听到宋真宗在主战派寇准的鼓动下,身临杀场以鼓舞宋军斗志的消息,她为此不免也暗暗担心起来。萧太后这一路率军南下,虽然较快地攻到了澶州,但由于求胜心切,故而不免急躁了些,致使辽军一路苦于征战,损兵折将,伤亡很惨重。再加上后方供给有些跟不上来,军心涣散,战斗力已经减弱了。

尽管宋真宗本人心惊胆寒,然而,当大宋皇帝的黄龙旗在澶州北城楼上一出现,城下宋军与百姓立即齐呼万岁,欢声雷动,声闻数十里,宋军因而气势倍增。尽管萧太后亲自击鼓督战,辽军在攻打澶州时,伤亡精兵三万多人,城池依然岿然不动,

最后不得不退下阵来。萧太后为此忧心忡忡，焦急万分。她只有更加积极地集中兵力，勇猛进军。然而，辽军却遭遇了宋军一次次的顽强抵抗，频频受挫。

而此时发生的一件事又给予了萧太后另一沉重的打击。辽军先锋大将萧挞凛在出阵侦察地形时被宋军用先进的床子弩射中头部，当晚就伤重身亡了。辽军初战不利，又折损了一员大将，士气大挫。萧太后面对这一局势，不得不重新审时度势，暂缓攻城，召开了阵前紧急会议。朝中大臣一部分主张要加紧攻势，坚持到底，必能收降宋朝；还有一部分大臣则表示双方势均力敌，要想取胜恐怕不易，不如见好就收。一向果断从容的萧太后此刻也犹豫了。

此时一直一言不发的大臣王继忠提出了不同的见解。王继忠是宋朝降将，本是汉族人，颇有才干。对于澶州大战，他是有自己的看法的，但是他一直耿耿于怀自己的降将身份，而没有马上将自己的看法表达出来。当看到萧太后向他投来诚恳的目光时，他上前一步，说道："我辽军虽然个个勇猛善战，但宋军也并非贪生怕死之辈，双方现已势均力敌。如果我方加紧攻势的话，宋军有宋真宗做后盾，势必会拼命抵抗。这样，战事还会相持下去，而且拖延时间越长，对我军越为不利。我们离故土太远，军粮装备一时难以运到。况且，这次我方是倾国而出，后备力量实在短缺。如果硬要把这场仗打下去的话，不仅劳民伤财，而且会使刚刚发展起来的辽国大伤元气，太后多年的苦心经营也会付之东流。"

王继忠的话深深打动了萧太后，她得承认，王继忠的分析是准确的。于是，她接着问："那依你之意，我们是要尽快收兵了？"

王继忠笑着摇了摇头，接着说："现在胜负还未分晓，为何要急流勇退呢？"看到萧太后不解的眼神，他继续说："我们和宋朝议和。宋真宗能御驾亲征，绝非是他的本意使然。其实，他早已厌倦了连年征战的生活。如今只要我们采取'一手打，一手拉'的策略，宋真宗必会主动和我们议和。到那时，我们就掌握了主动权，既能达到休战的目的，又能在和谈中占上风，提条件。"

王继忠的建议非常中肯，这次萧太后真的需要好好考虑考虑了。

一生倔强好强的萧太后从来都是当机立断，坚强果敢，唯独这一次，她是真的犹豫了。

这一次对宋朝的挑战，倾注了她太多的心血，如今让她中途罢手，她实在是心有不甘。在宋辽的多次战争中，尽管辽胜多负少，但除军事以外，辽各方面都远不如宋，特别是经济落后，这样长久相持下去，对辽未必有利。在这样的思想促使下，萧太后决然做出了决定，她不能因为自己的好胜之心而断送了辽国的百年基业。大敌当前，她必须以国事为重，采纳王继忠的议和建议。

接下来的几天，她一方面派出王继忠为信使，与宋臣曹利用联络议和事宜，一方面又猛攻澶州城，施加压力。

宋真宗得到这一消息后欣喜若狂，因为他对抗辽的信心本来就不足。当他听说辽军有议和之意时，不顾主战派的寇准和杨延昭的劝阻，当即就表示他早想止戈息民，不想穷兵黩武，如辽诚心言和，请及早告之。并破天荒地火速派曹利用去与辽军联系议和。

在议和过程中，萧太后采用了灵活而机智的心理战术。为了弄清楚宋真宗的真实意图，萧太后在曹利用刚到达辽营后，给予他热情的接待，故意使他放松了警惕，减弱了戒备心理。

但在和谈一开始，萧太后先发制人，首先提出要宋朝"归还"后周世宗北伐夺得的"关南之地"。曹利用见萧太后态度与昨日大不一样，而且口气也很强硬，心中不禁一慌。他想到宋真宗临行前对他的指示说，只要辽军答应撤兵休战，除割地外，百万钱财也在所不惜。于是他表示如果辽想得到金帛之类的补偿作为犒劳军费，宋朝可以考虑。

萧太后见宋朝的意图如此清晰，心中十分高兴，于是她不动声色地假意与曹利用周旋。经过一番讨价还价后，双方最终达成了协议，订立了历史上著名的"澶渊之盟"。双方在盟约中规定：

一、宋辽维持旧日疆界，约为兄弟之国，辽圣宗称宋真宗为兄，宋真宗称承天萧太后为叔母；

二、宋方每年向辽提供"助军旅之费"银十万两，绢二十万匹，至雄州交割；

三、双方以白沟河为界，不得相互交侵，城市只能照旧修葺，不许增修城堡及开挖河道；

……

约成以后，宋廷下令所有军队不得出击，听任辽兵自行撤走。于是，原来陷于进退两难的辽军，反而以战胜者的姿态班师北还。

至此，宋辽终于结束了自高梁河之战以来双方长达二十五年的战争状态。宋真宗为能花那么少的钱财而换取休战而兴奋异常，大宴群臣，完全没有顾虑到自己是在处于军事优势的情况下签订的屈辱性条约。"澶渊之盟"既承认辽国政权的存在，又开"岁币"之滥觞，导致此后两宋积弱，使宋朝繁荣的局面江河日下。

但是站在历史的角度，订盟以后，两朝各守其界，铸剑为锄，此后一百一十七年没有发生过大的战争。百姓得以免受战争的屠戮，两朝都有了一个比较安定的环境，经济都得到长足发展，呈现了两国历史上经济最为繁荣的态势。双方的经济交往也日益繁密，中原的茶叶、粮食、丝织品、漆器等农产品和手工制品大量输入辽国，而辽的牛、羊、马匹等畜产品也源源不断地运到中原，起到了相互调剂的作用。这种于国于民都有利的大好形势，正是由萧太后首倡，充分体现出了她的高瞻远瞩，既顺应了历史的发展，又符合了人民的要求。

（五）香玉殒魂归乾陵

同年，辽圣宗再一次为母亲加晋尊号，使萧太后的尊号从统和元年的"承天皇太后"、统和二十四年的"睿德神略应运启化承天皇太后"一直加到了"睿德神略应运启化法道仁洪圣武开统承天皇太后"。

当一切障碍俱已扫除，政权稳如泰山，国势蒸蒸日上，在圣宗时期又苦心经营了二十七年之后的萧太后，才终于放心地把权力交给她一手培养起来的儿子辽圣宗。她为儿子举行了契丹传统的"柴册礼"，将皇权交还给耶律隆绪，结束了她在辽景宗、辽圣宗年间四十余年的"摄政女皇"生涯，去南京安享晚年。

归政后，一种巨大的失落和一种别人难以体会的苦闷如影随形地笼罩着她，原本相当旺盛的生命一下子失去了活力。于是归政不到一个月，即公元

中国古代著名皇后

1009 年 12 月，在南巡的路上，一场风寒就结束了她那波澜壮阔、充满传奇的一生，年仅 57 岁。

辽圣宗对母亲的死悲痛异常，他寝食俱废，一直哭到呕血，并为母亲上谥号为"圣神宣献皇后"，隆重安葬于辽乾陵。

萧绰之死对晚年的韩德让来说更是沉重的打击。他从此抑郁寡欢，一年后便重病不起。耶律隆绪和皇后萧菩萨哥每天执子媳礼为他侍奉汤药，却仍然回天乏术。仅仅两年后，韩德让与世长辞，享年 71 岁。

辽圣宗耶律隆绪为继父举行了隆重的葬礼，一切规制都与母亲一样。他亲自拉着韩德让的灵车送出百步之远，并且为他服丧，随后将他安葬在母亲的身边，算是为这两人的情感画上了圆满的句号。

萧绰波澜壮阔的一生就这样戛然而止，让人回味无穷。从 18 岁步入宫闱，到 57 岁香消玉殒，这四十年中她用卓越不凡的文治武功将大辽国治理得井井有条。对宋战争，以国母之尊驰骋沙场，在中国历史上恐怕独此一人，不愧为契丹一代巾帼英主；锐意改革，不畏惧契丹贵族的坚决反对，开创了辽国社会经济新局面；下嫁汉官，打破传统观念，大胆追求属于自己的幸福……萧绰敢爱敢恨、开拓进取的鲜活形象使她在中华民族的英雄之林中，永远占有一席之地。

中国古代著名皇后

草原之花——布木布泰

当你看到布木布泰这个名字的时候也许会感到陌生，但是提到孝庄文皇后相信就没有人不知道了。她俗称孝庄太后，清太宗爱新觉罗皇太极之妃，蒙古科尔沁部贝勒寨桑之次女。天命十年二月入宫，崇德元年被封为永福宫庄妃，为五大福晋之一，居于西宫。崇德三年正月生子福临。其子福临继位后，尊其为皇太后。其孙玄烨继位后，尊其为太皇太后。康熙二十六年十二月去世，时年75岁。

一、肩负使命走进皇家

（一）大清雄心欲图霸业

明朝中期后，土地高度集中，赋税十分繁重，皇帝深居宫中，只顾享乐。神宗皇帝当政四十六年，竟有三十余年不临朝亲政。一些无耻官僚组成阉党，

横行全国。从 16 世纪末至 17 世纪初，明王朝因政治腐败，已日薄西山，气数将尽。这时，中国北方兴起了两股政治势力：一是以林丹汗为首的蒙古察哈尔部，一是以努尔哈赤为首的满洲（满族旧称）部。

林丹汗是成吉思汗的二十世孙。他雄心勃勃，一心想恢复大一统祖业，名义上是漠南蒙古诸部的共主，实际上整个科尔沁部蒙古都受他的控制。但这个联盟内部松散，蒙古各部之间常因争夺水源、牧场而互相攻伐。林丹汗也经常率部滋扰明朝边境，已成为明朝中央政府的心头大患。

以努尔哈赤为首的满洲部当时被称为女真族。女真族是生活在我国东北地区的一个古老民族。明朝时期，女真分为野人（海东）、海西、建州三部。海西女真大部分居住在吉林扶余（伯都纳）以北的松花江大曲折处，以及黑龙江哈尔滨市东边的阿什河流域。建州女真分布在长白山北部、牡丹江、绥芬河流域，后来迁居到浑河、苏子河上游地区定居下来。野人女真则大部居于从精奇里江下游直到库页岛的整个黑龙江南北广大地域。嘉靖三十八年（1559 年），努尔哈赤即出生于建州女真的幹朵里部，他的六世祖是猛哥帖木儿。万历十一年（1583 年），努尔哈赤的父亲与祖父被明朝将领李成梁杀害后，他被推选为部落酋长，以祖父留下的十三副兵甲召集部队，祭天立誓，决意起兵替父祖报仇。最初，他因羽翼未丰，实行远交近攻的策略，一方面向明朝表示恭顺，遣使纳贡；一方面又采取了"顺者以德服，逆者以兵临"的方针，先后打败了女真各部。经过十余年的浴血奋战，完成了女真各部的统一，明朝中央政府先后授予他建州卫都指挥使、都督佥事、龙虎将军等职。到万历四十四年大年初一

中国古代著名皇后

（1616 年 2 月 27 日），努尔哈赤毅然断绝了与明朝的隶属关系，在赫图阿拉（满语"横岗"的意思，在今辽宁新宾西老城）建立大金（史称"后金"）国，年号天命。努尔哈赤的壮举如平地一声雷，使明朝政府极为震惊。1621 年后金大军连克沈阳、辽阳、海城等七十余座城池。不久，便将统治中心西移，把国都迁到辽阳城，又在距旧城不远处建新城，称东京城。

科尔沁蒙古是漠南蒙古中仅次于察哈尔的第二强部。科尔沁部是成吉思汗大弟弟哈布图哈撒儿的后裔，元代和明初时游牧于额尔古纳河和海拉尔一带。明嘉靖年间，科尔沁部蒙古被漠西厄鲁特部蒙古打败，南下避居嫩江流域。因同族有阿鲁科尔沁，所以称其部为嫩江科尔沁，以示区别。后来，去掉"嫩江"二字，简称科尔沁。经过有明一代二百余年的繁衍，科尔沁部逐渐强盛，游牧之地北起索伦，南界盛京边墙，东起扎乌拉特部，西至扎鲁特部，东西距八百七十公里，南北距两千多里，总面积约十五万平方公里，相当于今天内蒙古通辽市面积的两倍半。

满洲、察哈尔、科尔沁三部在地理位置上形成了一个大三角，满洲居东，察哈尔居西，科尔沁居两者中间偏北。明王朝为防范满洲进攻，极力笼络蒙古贵族。万历初年，明朝张居正辅政之际，就主动与蒙古各部交好，加强贸易。科尔沁部落在当时漠南蒙古中是一个以血缘关系组成的强大部落。科尔沁部共分左右两翼，科尔沁右翼三个旗的始祖是三个亲兄弟，科尔沁左翼三个旗的始祖也是三个亲兄弟，科尔沁右翼和左翼六个旗的始祖又是亲叔伯兄弟。科尔沁左翼中旗始祖莽古斯一族游牧在科尔沁部的中部，所占地域也最大。莽古斯有四个孙子乌克善、察罕、索纳穆、满珠习礼都很优秀。努尔哈赤想进攻明朝，需要寻找强有力的支持者，于是蒙古族就成了首选。但是，察哈尔部的林丹汗根本没把努尔哈赤放在眼里。这样，科尔沁部蒙古在满洲努尔哈赤眼中的地位就提高了。努尔哈赤对蒙古采取分化瓦解政策，首先就选中了与察哈尔部有矛盾的强大的科尔沁部落。就这样，两部之间为了以示友好，开始了"互相嫁娶"的政治联姻。

1594 年，科尔沁部首领明安将女儿嫁给努尔哈赤为妻；1614 年，科尔沁部莽古斯（科左中旗始祖）将

草原之花——布木布泰

女儿哲哲嫁给努尔哈赤的第八子皇太极，她就是以后孝庄文皇后的亲姑姑——孝端文皇后；1615 年，科尔沁台吉洪果儿（科左前旗始祖）也将女儿嫁给努尔哈赤为妻。1626 年，努尔哈赤二弟舒尔哈齐也将孙女嫁给科尔沁部首领奥巴为妻。

实际上，古往今来，联姻是实现政治结盟最常见、最常用，也是最有效的一种手段。

（二）草原之花嫁入皇家

在满洲与科尔沁结盟的第二年（1625 年）初，努尔哈赤派他的儿子皇太极亲自到科尔沁草原来。在内兄贝勒寨桑家的酒宴上，皇太极第一次看见了梨窝浅笑、百媚横生的博尔济吉特布木布泰。布木布泰生于明万历四十一年二月初八（1613 年 3 月 28 日），是寨桑的次女，乳名"大玉儿"。布木布泰自幼生得皮肤白嫩，两只大眼睛水汪汪的，身材丰满小巧，令人一见顿生怜爱之心。父亲和族人都非常宠爱她，把她视为掌上明珠，但布木布泰却从来都不恃宠撒娇，一点也不娇气，她像其他的蒙古女儿一样，自幼就马上马下，豪爽勇敢。由于从小就受到了良好的教育，加上草原上无拘无束的生活，布木布泰养成了豪迈开朗、奔放热情的性格，造就了强壮健美的体魄。当时的科尔沁草原上的蒙古民族大多以游牧和狩猎为生，都体魄健壮，十分勇敢。前人曾写诗赞颂说：

> 广袤草原绿重重，
>
> 真山真水育英雄。
>
> 七岁女儿能试马，
>
> 柳荫深处打飞龙。

此时的布木布泰已经 13 岁了，这在当时早婚盛行的科尔沁草原蒙古族部落中，已是"大龄青年"了。花季的布木布泰秉承科尔沁草原天地之精、日月之华，出落得艳丽多姿、楚楚动人。她那一双会说话的眼睛，配上长长的睫毛，平添了一份深邃之美。她那一双明眸，对异性有一种无法抗拒的魅力，尤其那羞答答的一笑，更令异性倍加宠爱。皇太极为其迷人的容貌所倾倒，尤其是布木布泰"临去秋波那一转"，更坚定了皇太极主动屈尊求亲的决心。

　　肩负满蒙进一步结盟重任的皇太极，这次又不虚此行，他当即向内兄寨桑提出要迎娶布木布泰。此时，皇太极虽然早已娶了寨桑的妹妹，也就是布木布泰的姑姑。实际上，在皇太极此次科尔沁草原之前，福晋哲哲就跟皇太极提出了让侄女布木布泰进宫的意见。因为，哲哲和皇太极婚后十二年来，还没有生下一男半女，哲哲为了本部族在宫廷中的地位和利益，也为了使自己生活不感到寂寞，在事先征得家庭长辈们的同意后，向皇太极提出了上述想法。姑侄同事一夫，这件事在今天看起来有些不可思议，但是，由于当时满洲和蒙古部族之间婚媾的戒律极少，辈分之界限也并不严格，甚至还遗存有原始氏族部落中的风俗习惯。尤其当时满族旧俗认为：非生我者或非我所生及同胞兄弟姊妹，皆可嫁娶。所以，皇太极的要求绝不过分，就像宝剑赠英雄、骏马配雕鞍一样，是一个合理的请求。

　　当时的科尔沁蒙古也把女儿能嫁到满洲认为是部族的荣耀。寨桑见皇太极如此喜欢自己的女儿，当然对这门亲上加亲的喜事也十分高兴。酒席之上，立即答应了这桩亲事，并命令手下立即安排。布木布泰得知此事，也很高兴。皇太极的才貌和风采她早有耳闻，又经过这次近距离的接触，在她心中，皇太极就像那蓝天上的雄鹰，草原上的骏马，能与他相伴一生，乃是自己的福缘。就这样，布木布泰的婚事十分顺利地确定下来。

　　1625年2月，寨桑派长子吴克善台吉送女儿布木布泰与皇太极成婚。婚礼的头一天，努尔哈赤为儿子的婚事派官员祭告天地、太庙。奉迎之日，皇太极到辽阳东京北冈亲迎，努尔哈赤也随后率诸贝勒及后妃出迎十里。入城后，长长的奉迎仪仗队伍，引导着喜轿绕行大半个辽阳城，全城张灯结彩，如过节一般，举城同贺。汗王府内更是一片喜庆景象：红毡铺路，殿堂宫门粉刷一新，到处悬挂着双喜红绸、双喜宫灯。四贝勒府东暖阁是皇太极和布木布泰的洞房，迎门竖立着一座大红底金"喜"字木影壁，取"开门见喜"之意。暖阁里边靠北墙是龙凤喜床。新婚用具也十分讲究，黄地龙凤双喜字红里膳桌，金盆银碗，红木雕刻的梳妆台。婚后，宫内连续演戏三天，东京名角纷纷进宫献艺。布木布泰就这样从科尔沁草原来到了辽阳东京，成了皇太极的侧福晋。

草原之花——布木布泰

二、初涉政治的险恶

（一）协助夫君登上汗位

年少的布木布泰婚后离开了熟悉的大草原，从科尔沁来到了遥远的东京城，她面临的是一个全新的环境。在这里，父母不在身边，兄长不在身边，没有了无微不至的关怀，所有的一切都必须要自己去面对，她必须承担起新生活的种种考验。

在他们的蜜月还没有度完，父王努尔哈赤于后金天命十年（1625年）三月一日，向下属的贝勒大臣宣布要将国都迁到盛京（今沈阳）。盛京处于四通八达的"形胜之地"，军事进取十分方便，西征明朝可由都尔鼻（今辽宁彰武境内）渡辽河，路直且近，去蒙古地区一二日即可到达。当时因辽阳东京城刚刚建成不久，诸将对放弃这座新城都很不理解。可新婚的皇太极和布木布泰却坚决支持父王的决定。3月3日，努尔哈赤率领贝勒大臣及八旗官兵，浩浩荡荡地开进了新都盛京。

因盛京此前从未做过都城，无现成的宫殿可用。努尔哈赤迁都盛京后，居住在城北门的"汗宫"里，规模很小。皇太极的贝勒府也就更窄小了，布木布泰从不讲排场，对此毫无怨言，深得皇太极的喜爱。

来到盛京后，努尔哈赤雄心勃勃，要大展宏图。当时的皇太极因为地位显赫，需要常常与父亲努尔哈赤商议军机，要随时出征，不可能天天留在家里陪伴布木布泰。新婚的新鲜与欢愉尚来不及细细品味，布木布泰就要忙于替丈夫收拾戎装了。她心中不免有些惆怅，但识大体的布木布泰从无怨言，她似乎已经懂得，皇太极还有许多比关爱她更重要的军国大事要料理。布木布泰的成熟与贤惠，让皇太极刮目相看。他也认为，一定要在军务闲暇之余给这个善解人意的福晋以体贴、温存。但是眼下，皇太极还不可能尽情与她享受夫妻之欢、男女之爱。因为这一时期，后金与大明之间战争频仍，互有胜负，在山海

关附近已形成胶着相峙之势。

天命十一年（1626年）二月，也就是布木布泰婚后的第二年，努尔哈赤率兵十三万，号称二十万，大举进攻宁远（今辽宁兴城）。此时，坚守宁远城的是明朝著名将领袁崇焕。熊廷弼被杀后，袁崇焕奉命镇守宁远，后因金兵攻势甚猛，继任经略使的高第曾下令放弃辽西，退守山海关以内，但袁崇焕不从，仍坚守宁远孤城。宁远之战打响后，努尔哈赤攻势甚猛，袁崇焕率部浴血奋战，打败后金大军。这是努尔哈赤25岁兴兵以来的第一次惨败。这对抱有一统天下之志的努尔哈赤无疑是致命打击。在这次战争中，努尔哈赤被炮火击中受伤，此后，背后又生疽。祸不单行的努尔哈赤遂撤往清河温泉沐养，八个月后，病情加重，在返回盛京途中，病死在离盛京四十里的爱鸡堡，享年68岁。

国家一旦失去了最高领袖，马上就陷入了群龙无首的状态。努尔哈赤一死，手下人立即对汗位的继承发生了激烈的争执。除了代善、阿敏、莽古尔泰、皇太极四大贝勒以外，阿济格与多尔衮、多铎等人也有问鼎之意，一场夺嗣之争一触即发，形势十分危机。皇太极的文治武功在诸人之中最为出众，但由于党派之争，一时也陷入了困境之中。布木布泰劝慰丈夫说："夫君仪仗功勋，所缺乏的不过是名分，如果能有大贝勒代善的支持，何愁继承不了汗位呢？"皇太极没想到年轻的侧福晋具有如此的识略，他听取了布木布泰的建议，最终争取到了大贝勒代善的支持。大贝勒代善系努尔哈赤福晋佟佳氏所生，与褚英系同胞兄弟。褚英以长子被立为嗣子，后因诸兄告其无状被废，不久死去。代善遂为努尔哈赤诸子中最长者，他又系两红旗额真（旗主），颇有威仪。

在代善的支持下，皇太极于天命十一年（1626年）十月二十日在盛京继位，时年34岁，改元天聪。

（二）初涉政治的险恶残忍

虽然当上了汗王，但皇太极还不能独自"面南而坐"，因为代善、阿敏、莽古尔泰都是旗主，都有相当的势力，皇太极只好根据父亲临终前的旨意，哥几个一块"面南坐受"朝拜，实行"集体领导"。结果事事受到掣肘。加上努尔哈赤时期遗留下来的一些问题，诸如宫廷内部矛盾、满汉矛盾、制度不健全、生产不景气、物价飞涨、盗贼蜂起等。这一切都使刚刚登基的皇太极困难重重，举步维艰。但是，皇太极毕竟不是等闲之辈，况且还有两位聪明的科尔沁蒙古姑娘做他的贤内助，使他登基不久就表现出了非凡的政治才能。为了平息宫廷内部矛盾，为了宫廷长治久安，为了防止出现意外，特别是引起诸皇子之间日后的纷争，皇太极大权在握之后，立即就表现出了政治上的成熟与老练，他以努尔哈赤"遗命"的名义，策动诸王贝勒逼迫父亲努尔哈赤的大妃乌拉纳喇氏阿巴亥殉葬。阿巴亥12岁时嫁给努尔哈赤，深受宠爱，她生有阿济格、多尔衮、多铎三个儿子，都聪颖勇猛，深受努尔哈赤喜爱。兄弟三人还未长大成人，就已被努尔哈赤封为和硕贝勒。阿巴亥是一位很有韬谋的女子，她希望有朝一日自己的儿子能够继承汗位，因此对皇太极继承汗位十分不满，她暗中结交王公大臣，只等时机成熟，就要向皇太极发难问罪。皇太极决心先下手为强，铲除隐患。当向阿巴亥宣布殉葬遗命时，她先表示怀疑而不从。众贝勒大臣随声附和且态度强硬地说："先帝有命，虽欲不从，也办不到呀！"她见事已至此，无法挽回，便随机应变，穿上礼服，饰以珠宝，哀切切地对诸王说："我从12岁侍奉先帝，丰衣美食，已二十六年，我不忍与其离别，故愿追从与地下。我那两个最小的孩子多尔衮、多铎，请代为抚养。"诸王转怒为悲，含泪回答她说："吾等若不抚养幼弟，是忘父也。请大妃放心去吧！"

于是，年近37岁的大妃阿巴亥火葬殉夫了。当熊熊大火燃烧起来的时候，布木布泰就站在一边，这一宫内惨烈的一幕，在她心中留下了深刻的记忆，她不仅对宫廷生活的残酷内涵多了一层直观的感悟，而且也为她日后的活动确立了准则和经验。以致十八年后，她面临与大妃阿巴亥同样的形势时，毅然采取了先发制人的手段，躲过了同样的一场劫难。

战争的继续进行不但考验着建功立业的男人们，也考验着他们身后的女人。皇太极继位后，继续对明朝的进攻，他继续攻打宁远，想振奋军队士气，为父亲报仇，但是袁崇焕炮火猛烈，皇太极屡屡受挫。皇

太极见攻城不成，于是利用反间计，勾结明朝奸臣，四处宣扬袁崇焕意欲谋反，崇祯果然中计，袁崇焕被明朝廷下狱凌迟处死。后金失去了一个最大的敌人，入关指日可待了。

此时明朝内部农民运动蜂起，后金内部矛盾也不少，皇太极一方面积极备战，一方面处理内部事务，年轻的布木布泰在政治纷扰中慢慢地成熟起来，她也尽可能地协助皇太极，替他分忧解愁。

亲王阿巴泰直爽粗鲁，他是努尔哈赤的第七子，作战勇猛，他自恃功高，职位却低于其他贝勒，常常发牢骚。有一次，皇太极举行宴会，他竟然说天冷无衣御寒，拒不赴宴。布木布泰立即以大汗的名义给阿巴泰送去了珍贵的衣物，请他赴宴。阿巴泰接受了衣服，却仍不赴宴。布木布泰知道他并无恶心，只是怄气而已，于是亲自前往邀请，阿巴泰见大汗妃亲自来请，立即表示认罪，从此之后忠心耿耿，成为皇太极的得力干将。事后，皇太极曾问布木布泰："你身为侧福晋，却赐衣物给贝勒，不怕落个私交外臣的罪名吗？"布木布泰坦然答道："阿巴泰是您的兄弟，不是外人，我只想你们弟兄合心，不曾想过要私交什么人。若是连自己的手足都不愿辅佐您，哪还能指望别人呢？您若是因为这事而怪罪我，我也无话可说。"皇太极听着，只是不住地点头。

天聪十年（1636 年），即明崇祯九年，皇太极以更雄武的姿态在盛京去汗号，称皇帝，并改国号金为清，年号改为崇德，历史上称之为清太宗。他以崭新的姿态把清带入新的历史发展阶段。此时，皇太极又对宫廷制度进行了调整，后宫也开始有了位号。崇德元年（1636 年），皇太极册封了五宫妃子，布木布泰的姑母哲哲为清宁宫中宫皇后；博尔济吉特布木布泰为永福宫庄妃；布木布泰的姐姐海兰珠为关雎宫东宫宸妃。另外二位为衍庆宫次东宫淑妃和麟趾宫西宫贵妃，也都姓博尔济吉特氏。皇太极的后宫全部由蒙古博尔济吉特氏女子充任，仅科尔沁部就占了三位。并且，哲哲、布木布泰、海兰珠亲姑侄三人同事一夫，这在中外历史上是十分罕见的。

由于皇太极的宠爱，庄妃得以在清朝创业肇基之际，经受磨炼。据《康熙起居注》载：庄妃"佐太宗文皇帝（皇太极）肇造丕基"，她自己也曾说：

"我虽在宫中，太宗行政亦略知之。"正是由于她"赞助内政，越既有年"，对于创业时期的皇太极帮助甚多。

草原之花——布木布泰

三、美庄妃展露政治才能

（一）巧妙用智子受于天

皇太极一生，为他生育子女的后妃共有十五名，其中地位最显贵的是崇德元年册封的"五宫"。布木布泰嫁给皇太极后，虽然感情甚笃，深受宠爱。然

而，布木布泰的肚子不太争气，一连三胎，生了三个女儿。在重男轻女的封建时代，这自然会被认为是"无能"的一种表现。天聪八年（1634年），布木布泰的姐姐海兰珠嫁过来后，于崇德二年（1637年）就为皇太极生了一个男孩。皇太极异常高兴，颁布清朝第二道大赦令，欲立海兰珠所生皇子为嗣子继承皇位，并在崇德殿举行了隆重的庆典。

皇太极移情别恋，无疑对布木布泰是一个严重的打击。皇太极以政务繁忙为托辞很少临幸永福宫了。人世间最真挚的情谊，莫过于夫妻相悦。人世间最痛苦的事，也莫过于夫妻相离。漫漫长夜，幽幽深宫，庄妃辗转反侧，难以成眠。她让侍女苏麻喇姑取来古筝，弹奏起李冶的《相思怨》：

> 人道海水深，不抵相思半。
>
> 海水尚有涯，相思渺无畔。
>
> 携琴上高楼，楼虚月华满。
>
> 弹得相思曲，弦肠一时断。

相思是痛苦的，有时也是甜蜜的。劳碌一天的皇太极正在宫中散步，深夜中如泣如诉的琴声在他的心中引起了共鸣，他寻声来到了永福宫。这一夜，他就住在了永福宫。

崇德二年（1637年），布木布泰再次怀孕。此时的庄妃为扭转被动局面，绞尽脑汁，进行了一番精心策划：她将珍珠宝石藏于纱裙内，漫步于宫廷中。珍珠在宫灯照耀下熠熠发光，宫女们见身怀六甲的庄妃身上有吉祥光环缠绕，

中国古代著名皇后

惊异不已、互相转告，越传越神，很快传至了皇太极的耳中。

崇德三年正月，皇太极专为此事来看望即将临盆的庄妃。对皇太极的关怀，庄妃感激不已。庄妃又急中生智，编造了一段梦中神话，说有一神人抱一男孩交给她。此事可显露庄妃的胆识，如果生了女孩，她也没有欺君之罪，因为是说梦。如果生皇子，这个编造的梦作用就大了。事有凑巧，第二天庄妃临产，果真生下一男孩，即福临。

此时的庄妃芳龄25岁，她编织"子受于天"的神话，在"君权神授"观念统治人们思想的时代，对于提高自己地位和所生皇子的地位无疑会产生重要作用。

福临降生时，正值宸妃海兰珠生的皇八子刚刚夭折三天，哀痛之中的皇太极精神上得到了些许安慰，从此，对庄妃更是宠爱有加。除经常临幸永福宫外，还就一些军国大事向庄妃求谋问计。庄妃非常细心，就是皇太极不到永福宫来，她在拥衾就寝时，仍要挪匀出一半被子，时刻等待皇太极的到来。皇太极每每见此情景，都心花怒放，笑意写在脸上。

这时的庄妃，虽然还是"妃"，五宫"排位在"皇后之后。但她在皇太极心中的位置，却比姑姑孝端文皇后还要重要。这里固然有她比姑姑孝端文皇后年轻的缘故，但更主要的是她的聪明。

（二）庄妃杯酒智降明臣

有了皇帝的恩宠，自己又富有聪明才智，布木布泰在复杂的政治环境中，显示出了超强的政治手腕。布木布泰的政治才能，首次展现在收编明朝降将洪承畴上。

皇太极称帝后，在满洲八旗的基础上，增设了蒙古八旗和汉八旗，军事力量日趋强大。松山之战，皇太极的长子豪格大获全胜，并活捉了明朝蓟辽总督洪承畴。洪承畴被俘的消息传来，皇太极特别高兴，命速押往盛京，囚禁在三官庙。清廷上下一片杀声，诸大臣贝勒议论纷纷："不杀洪承畴，何以慰松山死难将士英魂。"

皇太极专门为此升殿，面对诸王、贝勒、大臣，

草原之花——布木布泰

徐徐道来："身为大将，重要的是一忠二勇。洪承畴临危受命，挺身而出，报效他的主子，不可谓不忠；他困守松山孤城半年，数次冒险突围，不可谓不勇；他善于用兵，是难得的将才；他带兵多年，多地为官，对全国和明朝廷的情况都十分熟悉，是我们南下的活地图。我等了他几十年，今天终于等到了他。他若万死不肯降，那是我大清无福。"诸大臣贝勒觉得言之有理。不再反对。况且，这也是为了大清基业，只好让步。

洪承畴被押上崇德殿，他虽然满脸疲惫，却不掩坚毅之色，复杂的表情，分辨不出是忧是愧。侍卫喝令他跪下，洪承畴昂然不动，一派忠义千秋的气慨。皇太极看在眼里，心中非常高兴。由此也更坚定了劝降洪承畴的决心。

皇太极单刀直入："洪总督饱读经书，胸藏锦绣，难道不知道'良禽择木而栖，贤臣择主而事'的道理？"然后，脱下自己的貂皮大衣，亲自给洪承畴披上。洪承畴把貂皮大衣挥之地上，正色说道："洪某受大明厚恩，只知有死，不知有降。今只求一死，以报明皇恩遇，绝不会做遗臭万年的小人。"皇太极亲自劝降不成，又特命范文程负责继续劝降。

范文程，字宪斗，盛京人。头脑聪敏，极善言辞，早在太祖努尔哈赤时即被重用，是努尔哈赤和皇太极不离左右、运筹帷幄的谋士。范文程知道一般劝降，不外两招：一是胁之以死，二是诱之以利。对洪承畴，第一种显然用不上，他一心求死，面对屠刀毫无惧色。第二种，他也不为所动。于是，范文程千方百计寻找洪承畴的弱点，以便加以利用。很快，他收买了洪承畴的仆人金升。金升献计说："我家主人赋性沉毅，爵禄不能动其心，刀斧不能动其志。唯有见到美女。或可动其心志。"范文程立即每天安排十几个美女去侍候。几天下来，仍不见效。一筹莫展的范文程这时真的失望了。情出无奈，范文程禀明皇太极，建议放弃规劝。皇太极内心不快，面露为难之色。

庄妃在一旁看见，便试探性地说："这个人不肯投降，杀掉就算了。"皇太极道："这洪承畴是明朝的大才子，文武兼备，我大清想得明朝天下，此人日后必有大用。"庄妃见皇太极劝降态度如此坚决，转身向范文程问道："这洪承畴不知有何特性，我们应该对症用药。""我们胁之以死，诱之以利，晓之以理，这几套他都不吃。据说这洪大人嗜酒好色，这些天我们每天都派十几个美女服侍，但洪承畴仍不心活意改。这个人还有洁癖，房梁灰尘掉在衣服上他就赶紧擦掉。"范文程说到这里，庄妃眼睛一亮，微微一笑。说者无意，听者有心。庄妃从这一细节断定：洪承畴必不想死。对一袭敝衣犹爱惜如此，岂是心如古井、一心赴死的人所为？

庄妃主动请缨，劝降洪承畴。她回到宫中藏酒阁，取出一瓶家藏老酒，换了一身宫女打扮，来到洪承畴跟前。

"你就是大明朝的蓟辽洪总督吗？"

娇婉清脆的声音传入耳鼓，洪承畴心里一颤。抬眼望去，只见一位绝艳的宫女站在面前，嫣然一笑。这勾魂摄魄的一笑令洪承畴心猿意马，想入非非。他屏息敛神，不由自主地随口问道："你是谁？来此何干？"

"听说洪大人一心殉国，心中敬佩，前来拜望。特备家藏老酒，为您送行，不成敬意。"庄妃接着问了一下被俘情形，又关切地问了家中妻小情况。唤起洪承畴对家人的思念。自从被俘以后，洪承畴一心赴死，滴酒未沾。今天，闻到这上等酒香，不知什么原因，他酒瘾大发。再也经受不住诱惑，拿起酒瓶，"咕咚、咕咚"，连喝几大口，顿觉甘冽醇香，沁入心肺，不禁赞道："好酒！"

这一口酒，勾起了他满腹愁肠，对生的留恋和对家人妻小的思念以及对美酒的渴望。想他率兵十三万出关，如今全军覆没，依崇祯一贯作风，极有可能被满门抄斩。即使不杀，妻女也会被发配为奴，或被充作官妓。只怕是战败的消息一传到京城，皇上一怒，家中老小已走在他前面了。想到这里，在庄妃家酒的作用下，洪承畴脸色红润，叹声不息。

庄妃见情插话："听说大明皇帝心狠手辣，不许臣子战败，战败就要杀戮全家？胜败岂不是兵家常事吗？""其实，不怕死不一定就是英雄。"庄妃继续说道"小女子认为，忠君爱民，爱民比忠君更重要。一则君只有一个人，或贤或愚；或仁或苟，全然没有标准。百姓黎民千万，大多善良安分。因此，真英雄宁可负君，不可负民。如今辽东一带，战火连连，民不聊生，试问以己忠君之名与辽东百万生灵身家性命相比，孰轻孰重？洪大人只顾一己忠烈之名为君捐躯，于国何补，于民何益？"

洪承畴对庄妃"民为贵，君为轻"的见解肃然起敬，传统的儒家"生死事

小，失节事大"的观念在他心中开始动摇。庄妃见时机成熟，便暴露自己真实身份。之后，话锋一转，直奔主题。我家皇帝并非想要明室江山，所以多次修书与明帝议和。遗憾的是崇祯昏庸，听信谗言，屡屡与大清发动战争。如果洪大人暂时降顺大清，为我大清皇帝主持和议，使两国罢兵，和平共处，这岂不是盖世之功吗！洪大人可先作一密书，报知明廷。现在大明朝廷内乱相寻，得知大人为国调停，断不至与大人妻妾子女为难。那时，家也保了，国也报了。将来两国议和成功，大人在清固可，回明亦可，这岂不是两全之计吗？

一席话，使洪承畴茅塞顿开，心悦诚服，甘当贰臣。

从此，洪承畴投降了大清，剃了头，结一条小辫，穿着大清皇帝赐给的顶戴花翎、黄段马褂。清太宗又拜他为大学士，抽空就找他谈论明朝的政教、礼制、风俗、军制等，常常赐他礼物和美女，与范文程的宠遇差不多，使他不由得感激万分。

当时的明朝皇帝崇祯，还以为洪承畴为国捐躯，大为痛悼，辍朝三日，赐祭十六坛，并命在都城外建立青祠，与巡抚邱民仰等一般忠臣并列青祠。崇祯帝亲制祭文，拟入祠亲祭。朝廷正紧锣密鼓隆祭洪承畴时，洪承畴的密书传到朝廷，崇祯读罢，长叹一声，始命罢祭，结束这出闹剧。崇祯见信中有"勉图后报"之言，遂不去追究洪承畴家眷，对松山战败逃回的将士，也一概不问。

松山大败，锦州陷落，使明朝经营了二十多年来的宁锦防线全部崩溃。1642年10月，皇太极又乘胜发兵河北、山东，攻破了三府、十八州、六十七县，共八十八座城镇。当时，老百姓砸锅献铁做炮弹支援明军，但明朝的地方官，却依旧只知饮酒作乐、粉饰太平、虚奏捷音、欺蒙朝廷。明朝君昏臣暗到如此地步，再若不亡，天理何在？天道何存？

四、排众议助子登皇位

（一） 运机谋顺治继大统

正当大清意气风发，准备大举进攻明朝之际，崇德八年（1643年）八月九日亥时，年届52岁的皇太极突然中风，猝死寝宫。皇太极死得太突然了，臣属

后妃们毫无思想准备。皇太极去世之前仍照例忙忙碌碌碌理国政，没有察觉有什么病兆。后来，有人认为皇太极很可能是在一场政治阴谋中遇害的。当然，这也只是一种猜测。据史家考证，皇太极中年发福，身体肥胖，加之出征时披上沉重的铠甲，连胯下剽悍的战马都承受不了。

皇太极猝然撒手人寰，诸王、贝勒、大臣们都惊呆了，一时不知所措。皇帝一死，要拥立新主。新皇帝的治世水平如何，将对当时社会的政治、经济发展与稳定产生重要作用。在朝廷内，皇帝也有仨亲俩厚，对诸大臣贝勒自然亲疏不等。新皇帝一登基，自然要选用自己的亲信，进行权利的再分配。因此，在这一非常时期，诸王贝勒都企望与自己最亲近的皇子继承皇位，以安享荣华富贵。诸皇子也都活跃起来，不惜冒杀头危险，向权利顶峰挺进。

因后妃太多，所以皇太极的子女数也没有一个准确统计。仅据有史确载的十五名后妃作为统计依据，皇太极共有子女二十五人。其中，儿子十一人，女儿十四人。

当时长子豪格34岁，智勇双全，屡建战功，是最有资格继承皇位的。十一子博穆博果尔只有两岁半。除福临外，其他五个皇子都非出自五宫，血统不够高贵。按照当时清太祖努尔哈赤的遗训，有资格作为继承人候选对象的，不仅有众多皇子，皇帝的弟弟和侄子也可以。由于皇太极生前没有对皇位继承做出任何决定，这就给皇位继承造成了很大麻烦。宗室内部围绕着皇位继承展开了激烈的角逐。这几乎葬送了大清蒸蒸日上的国势和皇太极未竟的事业。在这一

中国古代著名皇后

关键时刻，庄妃出面调和，才使得剑拔弩张的形势缓和下来。

当时，最有实力争夺皇位的，是皇太极32岁的异母弟睿亲王多尔衮以及皇太极34岁的长子肃亲王豪格。豪格虽为长子，但由于是继妃乌拉纳喇氏所生，所以当时没有被立为太子。豪格本是正蓝旗主贝勒，皇太极亲领的正、镶两黄旗誓立豪格，图格尔、索尼、图赖、锡翰、巩阿岱、鳌拜、亲王济尔哈朗也倾向于他。正红旗主贝勒礼亲王代善也表示要立他为皇子。就在两黄旗大臣穿梭于肃亲王之家，紧锣密鼓地筹划立豪格的同时，多尔衮和豫王多铎的两白旗也在积极筹划力主拥立多尔衮继承皇位。

多尔衮为人机敏，他此时虽按捺不住心中的激动，却依然眼观六路、耳听八方，没有轻易对下属表态。阿济格和多铎没那么多心眼，他们见多尔衮不动声色，不知在犹豫什么，便齐齐跪在他面前，问："你不继位，莫非是害怕两黄旗大臣吗？舅舅阿布泰和固山额真阿山都说了，两黄旗大臣同意让皇子继位的就这几个人，我们在两黄旗的亲戚都支持让你继承皇位。"的确，除了两白旗之外，两黄旗内部也有支持多尔衮的。即使如此，多尔衮审时度势，没有轻易表态。因为他清楚，目前正处在一触即发的紧急关头，如果他对阿济格和多铎的恳请略一颔首，他们就有可能率领白旗士兵与黄旗人马兵戎相见。一时间，双方暗中较量，难分伯仲。多尔衮对皇位垂涎已久，但面对豪格的逼人之势，也犹豫不定，不敢贸然继位。

就在这种形势下，庄妃毅然出面，她找到皇后——姑姑哲哲商量此事。在这种关键时刻，皇后的特殊身份会起到举足轻重的作用。在科尔沁蒙古在清宁宫的权力还没有丧失之前，庄妃要利用和依靠这棵大树，她要运用这个权利去拼争，她要为国家的未来和儿子的未来去考虑。她向善良温顺的姑姑分析了目前的形势。她想好了一个把儿子福临推上皇位的折中方案。儿子是自己的命根子，自己的命运、科尔沁蒙古的前途都押在儿子身上。庄妃的性格、才智、勇敢促使她进行了一次冒险的尝试。她冷静分析形势后，首先去奉劝多尔衮从大清大局出发，权衡轻重，清军入关在即，内部必须精诚团结，并明确指出："各贝勒各怀私心，您与肃亲王之间，无论立谁都不免一场内乱，到那时，恐怕难以收拾局面。现在只有您出面退避风争，

再改立皇子，唯如此双方才能接受，这才是上策。不知您意下如何？"多尔衮听罢，觉得她见识果然不凡，不由得以敬佩的目光望着这位年届三十依然风韵犹存的皇嫂，问道："以您之见，该立哪位皇子？"庄妃平静地回答："皇子福临。在诸皇子中，他与皇十一子都出自我们五宫，血统地位最为尊贵，立福临为皇帝则诸王贝勒大臣都能够认可。况且他是科尔沁蒙古的外甥，满清结盟是太祖定下的国策，蒙古是满洲坚定的盟友，也是我们入主中原必须依靠的力量，他的舅舅们也正率蒙古骑兵为我们大清冲锋陷阵。但福临继位之后要由您和济尔哈朗辅政，众人才无话可说。"多尔衮微微点头。

8月14日，王公大臣、各旗贝勒举行大会，正式议立嗣君。会场外，两黄旗精兵严阵以待，大有兵戎相见之势。多尔衮推辞了多铎和阿济格在立嗣会议上要他继帝位的建议。此时，豪格以为大位非他莫属，也故作姿态，表示谦让，离开了会场。两黄旗将领群情激昂，誓死要立皇子。当会议几近陷入僵局之际，多尔衮见时机成熟，起身宣布："既然诸位倡言要立皇子，现在我与肃亲王又退让不愿意继位，不如立先帝之子福临为皇子，因其年幼，由我和济尔哈朗左右辅政，分掌八旗军兵，待其年长，当即归政。"多尔衮此言一出，大大出乎众人意料。不过，两黄旗见由皇子继位，自己仍为天子亲率之旗，当即表示接受；济尔哈朗得以辅政，也尝到甜头，自然不反对；支持多尔衮的一方更无话说。这一妥协折中的议案就这样决定了。这一结果，既维护了八旗贵族的团结，又照顾了各自的利益，还使多尔衮等人的才干得以发挥，保证了内部团结一致，共同入关作战。

此番皇位角逐的平息，庄妃表现出了非凡的胆识和魄力。为了避开"母以子贵"之嫌，授人以柄，她接受当年努尔哈赤死后，多尔衮的母亲——大妃纳喇氏阿巴亥被逼殉葬的教训，主动请求为皇太极殉葬，其意在堵众人之口。诸王贝勒纷纷以福临年幼需要由母亲训养为由，全力劝阻，坚决请她勉留此身。毫无疑问，通过这件事庄妃已开始在政治舞台上表现出过人的才智了。

崇德八年（1643年）八月二十六日，这是大清国举国欢庆的日子，新的皇位继承人福临在盛京举行了隆重的登基大典。福临即位后，改次年为顺治元年。

草原之花——布木布泰

庄妃被尊为皇太后，因清太宗皇太极谥号称"文"皇帝，故在庄妃死后又称之为孝庄文皇后。

（二）太后下嫁真伪谁知

继位后不久，大清王朝就在多尔衮的率领之下入主中原，成为名副其实的中原王朝。清朝初年，政局动荡，事务繁忙。而且其中还夹杂着各派别之间的

权力斗争。庄妃为了维护儿子的地位，可谓是呕心沥血、费尽心机，只希望他长大后能够成为一代明君，自己也可以安心了。

身处孤儿寡母境遇之中，聪明过人的孝庄太后，也不得不心中有所计策。摄政王多尔衮在入关过程中建立首功，大权在握，随意出入宫廷如入无人之境，甚至有时就在皇宫住宿。多尔衮虽然控制了军政大权，但他毕竟没有得到皇位，心里有所缺憾。在权势欲望一步步膨胀的情势下，他越来越有夺取皇位的念头。

当时顺治帝年龄太小，外事俱由多尔衮主持，内事都由孝庄处置。多尔衮诬陷肃亲王豪格举止放荡，将他去职幽禁在宗人府，豪格的妻子美貌，多尔衮就将她留在自己府中。与多尔衮同居辅政王之位的济尔哈朗，很知趣地将权利拱手相让，但是多尔衮疑心重重，把济尔哈朗降为郡王，排除在决策层之外。多尔衮依靠两白旗，笼络正红旗，安抚了镶红旗，分化了两黄旗，打击了两蓝旗，势力如日中天。为了废掉皇帝，多尔衮还有意让福临荒于教育，致使他十四岁亲政的时候，还不识汉字，福临的皇位岌岌可危。

孝庄在多尔衮的步步紧逼下，只得以柔克刚，处处隐忍退让，委曲求全。她不断给多尔衮戴高帽、加封号，以使多尔衮不能废帝自立。起初，她加封多尔衮为叔父摄政王，紧接着又加封皇叔父摄政王，允许他面见皇上无需跪拜。每逢庆贺大礼，多尔衮与皇帝一起，接受文武百官跪拜。这才最大限度地满足了多尔衮觊觎皇位的野心，稍微化解了孝庄母子的危机。

历史往往给后人留下一些迷雾和疑团。孝庄皇后下嫁多尔衮一事便是清史研究中的一大疑案。

太后下嫁之说最早引起史家关注的是明朝遗民张煌言的十首《建夷宫词》，其中有一首说：

上寿觞为合卺尊，

慈宁宫里烂盈门。

春官昨进新仪注，

大礼恭逢太后婚。

张煌言此词写于顺治七年（1650年），孝庄皇后的寝宫在慈宁宫。词中"春官"是指礼部官员，这首词的意思是说慈宁宫张灯结彩、喜气盈盈；昨天礼部呈进了拟定的礼仪格式，为太后举行婚礼，对大清祖制礼仪加了新的解释。当时清宫的太后有两位。一位是正宫孝端文皇后，当时年近50岁；一位是孝庄文皇后，当时37岁。如果太后举行婚礼显然是指孝庄太后下嫁多尔衮之事。主张太后下嫁说的还有其他一些"证据"，其一，多尔衮尊称为"皇父摄政王"，当与太后下嫁有关；其二，据蒋良骐《东华录》记载，诏告多尔衮的罪状中有"亲到皇宫内院"罪行，似乎暗指多尔衮迫使太后与之为婚；其三，孝庄遗嘱康熙不要将其与皇太极合葬，似有难言之隐；其四，满族作为北方少数民族，素有"兄亡弟娶"的旧俗。

太后下嫁之事，正史没有记载，这是不争的事实。著名清史专家孟森先生早就撰有《太后下嫁考实》，针对太后下嫁说的各种证据，一一予以驳难。孟老先生认为，张煌言是明朝遗臣，对清朝怀有敌意，一直从事抗清活动，他的诗句很难说不是编造出来的故事，是对势不两立的大清王朝的诽谤之词。皇太极死时，庄妃才37岁。庄妃是天生的丽人，皓齿明眸、似玉如花。而仰慕姿容、贪恋女色，又恰恰是多尔衮的特殊嗜好和追求。在世人眼里，年轻貌美的寡嫂与雄才伟略的小叔子之间理应存在着"英雄美女"一类的情事，况且这也是现代影视文学作品刻意发挥的极好题材。慈宁宫是皇宫里的"寡妇宫"，这也印证了中国的一句老话"寡妇门前是非多"。至于顺治称多尔衮为"皇父摄政王"，这里的"皇父"是对多尔衮的尊称，中国古代的国君称老臣为"仲父""尚父"的也不乏其例。清兵入关后，多尔衮带领八旗子弟以摧枯拉朽、风扫残云之

势，横扫大江南北，为大清立下了不世之功，顺治继承中国古代的文化传统封多尔衮为"皇父"，也理所应当。况且，清宫"粉黛三千"，多尔衮即使乱宫，也不至于把这个"屎盆子"扣到"寡妇"孝庄皇太后的头上。

迷雾并不难辨，疑团也非费解。孝庄皇后也不会因为迷雾和疑团的存在而失去她照人的光辉。

五、辅育皇孙继承皇权

（一）承帝统满蒙续姻缘

布木布泰本人出自科尔沁左中旗，是清廷"满蒙联姻"的实践者。为了使这一既定方针得以继续贯彻和执行，也为了永葆科尔沁左中旗博尔济吉特氏家族的特殊地位，布木布泰在子女的婚事上颇费了一番心思。

顺治八年（1651年），布木布泰为儿子完婚，皇后是布木布泰从居住在今内蒙古通辽市开鲁县幸福镇（原属科左中旗，是卓里克图王府所在地）的娘家大哥——科左中旗卓里克图吴克善选定的亲侄女。这位皇后容止佳丽、聪颖巧慧，但嫉妒心非常强，仗着自己的婆婆布木布泰是自己亲姑姑的特殊关系，骄横跋扈。所以，顺治皇帝很不喜欢她。三年后，顺治帝以"无能"为由决定废后。最初，布木布泰不允，群臣也百般阻挠。顺治帝见废后不成，一病不起。布木布泰见状，甚为担忧。皇后侄女固然近，然而皇帝儿子更亲、更重要，权衡之下，还是舍弃侄女。于是，布木布泰提议群臣再议，群臣敬重太后，见太后已同意废后，便不再谏阻。顺治十年（1653年）八月，皇后被废，降为静妃，居于侧宫。

顺治废后的第二年，布木布泰皇太后不甘丢娘家人的面子，又从科左中旗将二哥察罕的两个孙女同时招进宫来，嫁给顺治。小姐俩均被封，姐姐博尔济锦儒被封为皇后，即孝惠章皇后，妹妹被封为淑惠妃。布木布泰还将四哥——科左中旗达尔罕亲王满珠习礼的幼女接到宫中，悉心关照，准备长大了再嫁给顺治，遗憾的是这个孩子于顺治十五年死于宫中，未嫁先亡。

满蒙和亲是双向的。在大量蒙古王公女儿入宫为后妃的同时，皇室也把公主下嫁给蒙古王公，宗室女儿格格下嫁给蒙古的就更多。据《清史稿》记载，整个清代下嫁给蒙古王公的皇室公主有三十二人，其中下嫁给科左中旗蒙古王公的公主就有七位。

布木布泰皇太后为儿子的婚事忠实地执行"和亲"政策的同时，对女儿也是如此。她将三个女儿均下嫁到蒙古各部。其中，大女儿固伦雍穆长公主雅图于崇德六年（1641年）下嫁给大哥吴克善的儿子弼尔塔格尔；二女儿固伦淑慧长公主下嫁给蒙古巴林部郡王色布腾；三女儿固伦端献长公主下嫁给蒙古内大臣鄂其尔桑子铿吉格尔。

布木布泰皇太后是一位有远见的政治家。她极力推行满蒙"和亲"政策是因为中原尚未平定，满蒙联姻对大清王朝的统治至关重要。所以，她三番五次地从娘家为儿子选后妃。但是，强扭的瓜往往不甜。布木布泰皇太后把两个侄孙女娶进宫后，虽然也被册封为后、妃，但是儿子顺治仍然对这两位来自科尔沁草原的后妃不感兴趣。这时候，他疯狂地爱上了同父异母弟弟博穆博果尔的福晋董鄂氏。

董鄂氏，为内大臣鄂硕之女，隶属正白旗，仪态端庄，举止合度，颇具风韵。自从顺治与之相遇，便对她产生了异乎常态的狂恋。顺治十三年（1656年）博穆博果尔一死，顺治竟想再度废掉皇后，改立董鄂氏。对于顺治的任性，布木布泰皇太后没有再度容忍，断然拒绝了他的要求。为了大清王朝的利益，布木布泰皇太后要求顺治必须保证蒙古女性的皇后地位。但是，在顺治帝的再三要求下，她也同意接董鄂妃入宫，并晋升为皇贵妃——仅次于皇后的嫔妃。

在布木布泰皇太后的压制下，满蒙联姻未因顺治的任性而破裂，这对当时大清王朝的统治具有非同寻常的意义。但在顺治的感情世界中，董鄂妃仍占据着首要地位。幸而董鄂妃行无失德，对布木布泰皇太后也恪守礼数，宫中并未出现历代常常不绝的宫帷争宠之事。

顺治十七年（1660年）八月，深受宠爱的董鄂妃病死。顺治遭受打击，精神萎靡不振，顿觉尘世无趣，便想出家为僧。布木布泰皇太后为顺治出此妄念感到伤心，不得不出面坚决阻止。顺治如果没有他理性深厚的母后坚决加以阻止，他一定会出家为僧。顺治曾说："人生最最贪恋与无法舍弃的，就是财宝妻孥。朕对财宝固然不放在心上，即使是妻孥也觉得如风云聚散，没甚关系。若不是挂念皇太后一人孤苦伶仃，朕便可跟随老和尚出家去了。"顺治皇帝在布木布泰皇太后等人的劝说下，没有去当僧人，却取了一个"行痴"的法号。他

中国古代著名皇后

沉溺在对董鄂妃无穷无尽的哀思之中，他对尘世的热情几乎完全消失了，身体状况越来越糟，骨瘦如柴，时常咳血，后来又染上了天花。董鄂妃死后不到半年，顺治帝于顺治十八年（1661年）正月，在紫禁城内养心殿驾崩，终年仅有24岁。

年近半百的布木布泰皇太后，对儿子的死悲伤不已。因老来丧子之痛，布木布泰皇太后仿佛一下子苍老了许多。她穿着黑素袍，步履沉重地站在乾清门的台基之上，面朝南方，手扶冰冷的汉白玉石栏杆，悲凉、凄怆地迎风站着，不住地热泪滚滚，悲伤欲绝。她哭自己的儿子寿命不永，撒手人寰；她哭自己的大半生，苦心孤诣，忍辱负重，老天竟使她遭丧子之痛，全不顾怜她这些年的辛勤操劳；她哭大清祖宗，离开祖庭来到中原，千头万绪，刚刚有了眉目，竟不荫佑子孙祚命，倒把这一个大摊子留给自己这个孤老婆子收拾……

布木布泰皇太后没有在悲伤凄苦之中沉沦，她把老年丧子的痛苦深埋心底，毅然承担起抚育、训导新君——康熙皇帝的重任。

（二）培育康熙呕心沥血

顺治十八年正月初七（1661年2月5日）顺治皇帝病逝，皇三子爱新觉罗·玄烨作为继承人，于第三天即正月初九继承皇位，改元康熙，布木布泰皇太后被尊称为太皇太后。

康熙继位时年仅8岁。康熙的母亲佟妃是辽东汉人佟养真的孙女、都统佟图赖的女儿。后金天命三年（1618年），清太祖努尔哈赤兴师伐明，佟养真"挈家并族属来归"。后奉命镇守镇江城（今丹东东北），因遭明军偷袭，养真与长子共六十人遇难，堪称清代开国功臣。佟妃实属大清英烈后代。

康熙的母亲佟妃十几岁进宫，是一名普通的妃子，15岁时生康熙。顺治病逝时，她刚22岁。她万万没想到自己的儿子会当皇帝。康熙继位后，尊生母为慈和皇太后。她仅当了两年皇太后，就于康熙二年（1662年）二月十一日离开了人世，年仅24岁。清朝共有十一位皇太后，寿命最短的就数慈和皇太后了。

中国古代著名皇后

　　慈和皇太后死时，康熙才 10 岁，培养、训导他成长的重任就当仁不让地落在了祖母太皇太后布木布泰身上了。这时的布木布泰太皇太后历经政治风云变幻，早已成为大清帝国政治中枢的核心，德高望重，一言九鼎。当时，安徽桐城一位叫周男的秀才，千里迢迢专程赶到京城，慷慨陈词，要求布木布泰太皇太后效仿前代旧制，以太皇太后之尊垂帘听政，临朝称制。布木布泰太皇太后为了免开此先例，严词拒绝，坚持选任索尼、遏必隆、苏克萨哈和鳌拜四位老臣辅政。

　　四大臣辅政时期，布木布泰太皇太后实际拥有至高无上的权力。按照规定，四大臣执政必须向她和皇帝领取谕旨。布木布泰太皇太后有独立发布谕令的权力。但是，她极少行使这样的权力。她所做的，是全身心地扶持、培养康熙，使其能尽快地担负起君临天下的重任。不过，她虽然不干预朝政，但朝廷上官员任免、大事处理，康熙都先向她汇报，听取她的意见才最后执行。

　　布木布泰太皇太后为了笼络四位辅政老臣，在康熙 13 岁时，特意为他安排了大婚。康熙四年（1665 年）七月，索尼的曾孙女、内大臣噶布喇之女赫舍里氏被册封为皇后，遏必隆的女儿钮钴禄氏被封为皇妃，同时受册封的还有康熙舅舅佟国维的女儿佟佳氏。索尼、遏必隆身为朝中老臣、旗中楷模，对于辅政的好坏影响甚大，布木布泰太皇太后以婚姻为手段，就是寄希望于他们，匡辅幼主光大满清基业。布木布泰太皇太后对于康熙的后宫生活仍然以祖母至尊的地位不时加以过问。她不希望康熙像她的儿子那样陷于儿女私情而荒废了国家大事，更不允许后宫事物措置失当，妨碍朝廷与八旗之间的政治均衡。康熙十三年（1674 年）五月，皇后赫舍里生下皇子允礽后死去，在以谁人充位中宫时，康熙又于两年后发布上谕："恭奉圣祖母太皇太后慈谕，册封遏必隆之女为皇后。"康熙较为喜爱的佟佳氏只被加封为贵妃。又过了数年，才册封其为皇贵妃。

　　布木布泰太皇太后对年幼继位的孙儿倾注了全部的心血。康熙刚刚继位，她就训诫他说："自古都说为君难，天下苍生无不抱厚望于天子。为人君者，必须明白，得人心则得国的道理，入阜，安乐富庶，则国祚绵延无疆。你要宽裕仁慈、温良恭敬，一言一行，都要谨慎，唯其夙夜恪勤不怠，才可继承祖宗基业，也让我放心。"康熙也不负太皇太后厚望，牢记祖母教诲。

　　康熙君临天下六十一年（1662—1722年），以精勤政务而著称，每日临朝听政，批答奏章，从无间断；即使出巡外地，各衙门奏章也需依例驿送。奏章一到，康熙立即着令送来，不分昼夜，亲自披览，未尝少辍；他为政宽仁，心系黎民苍生，亲政以后，鼓励垦荒，蠲免钱粮，行更名田；雄才大略，成就一代盛世，这些都与祖母太皇太后的言传身教是分不开的。有一次，布木布泰太皇太后有意考察一下康熙的才智，也为了让朝廷官员瞻仰一下君主的风采，就在众官员面前询问他有何愿望，他便按祖母平素教导的话回答说："我只希望天下安定，百姓乐业，共享太平之福。"话音一落，果然得到公卿大臣的一致颂扬。

　　布木布泰太皇太后对孙儿君临天下的每一个细节，都给予极大关注，但她并不像历史上的冯太后（北魏文成帝文明皇后）在孙儿拓拔宏（孝文帝）做皇帝时临朝称制，更不像唐朝的武则天要把丈夫的江山、儿孙的基业夺过来据为己有，因此她赢得了康熙皇帝和朝廷上下一致的敬重和崇仰。

　　布木布泰太皇太后不仅从治理国政上对康熙加以辅导，而且对日常生活、言谈举止也都按帝王的标准严格要求。布木布泰太皇太后曾告诫他说："一个人行为坐卧，不可回顾斜视、摇头晃脑，这不仅是有关德容威仪，而且有犯忌讳！"康熙日后举止端严，极具帝王风度，这与太皇太后的严格教诲是分不开的。

　　布木布泰太皇太后不仅耐心细致地向他讲解治国安邦的道理，而且也手把手地教给他为君施政的本领。到康熙八年（1669年）五月，她与康熙设计智擒鳌拜，取消辅政大臣后，由康熙亲政。但她对朝廷的关心仍未减弱，对康熙理政，凡有善行，她就不失时机地大加赞誉，给予鼓励。

草原之花——布木布泰

六、协康熙擒鳌拜平三藩

（一）功不掩罪鳌拜被擒

康熙继位时年仅 8 岁，由鳌拜、索尼、遏必隆、苏克萨哈四位重臣辅佐。康熙六年（1667 年）七月初七，康熙正式开始临朝听政。年仅 14 岁的康熙虽然亲政，但毕竟是个孩子，只有虚名而无其实，一切大权都掌握在辅政大臣鳌拜手中。鳌拜自恃对朝廷有功，倚老卖老，欺康熙年幼，不思辅佐治世，专事结党营私，成为朝廷的祸害。布木布泰太皇太后看在眼里，恨在心头。

最初几年，由于康熙年幼，鳌拜逐渐在朝中形成了以自己为核心的权力集团。"一朝权在手，便把令来行"。他不忘与多尔衮的旧仇，多次制造事端，打击两白旗的权势，致使八旗内部动荡不安，因此遭到朝廷内外的强烈反对，鳌拜名声日下。而他仍不思进取，强行压制反对意见，对政敌苏克萨哈恨之入骨，不除之不解其恨。苏克萨哈也不示弱，趁着鳌拜名声不好之际，向康熙进言："臣等受命辅政多年，朝中诸事皆于臣等裁决，恐权力过大不利皇上日后亲政，依臣之见，皇上虽年轻，但已满腹经纶，诸事应归皇上决策才是。"

康熙人小志大，对此早已思量过，康熙六年（1667 年），康熙决定开始躬亲大政。这时，苏克萨哈再次进言："皇上亲政，国事日盛。臣愿往守先帝陵寝，安享太平。"他这是想以退为进，迫使鳌拜与自己共同放弃辅政大臣之职位的一条计策。但是，他把问题看得太简单了。他的这一举措非但没有取得预期效果，反到激化了矛盾，致使鳌拜终于有机会将长期积压的怨恨发泄出来。

没过多久，鳌拜纠集了遏必隆以及班布尔善等奸党，给苏克萨哈编造了二十四大罪状，上疏给康熙。鳌拜接到奏折，不问不审，立刻定其为死罪。康熙知道这是挟私报复，坚决不批。但鳌拜没完没了地逼康熙批示，甚至挥着拳头对康熙吼叫，搅得康熙日夜不宁，只能点头默许。鳌拜得了"圣旨"，将苏克萨哈及其长

子内大臣查克思肢解处死，其余六子一孙和两个侄子斩首，并没收其家产，妻奴全部入宫。为进一步铲除苏克萨哈的势力，他连其族人统领侍卫等都统统杀掉，并将因株连的四十余人全部革职。

康熙在鳌拜的眼中只是个小孩子，因此并未将他当回事。每有朝事鳌拜常常越级而上，不讲君臣礼仪，眼中根本没有皇上。有时，鳌拜竟当着康熙的面滥施淫威，对朝臣随意治罪，甚至把奏疏等机要公文带回家中与心腹讨论……康熙对此早就十分不满，但因羽翼未丰，除掉鳌拜的时机还不成熟，他只好装聋作哑地等候时机。

鳌拜横蛮暴戾，滥杀无辜，朝廷内外怨声载道，也激起了众大臣的不满，言官熊赐履激愤地上书康熙，指出："由于奸贼当道，政事极其纷乱，国家也因此受到削弱，再不加整顿，后果可危。"年轻有为的康熙帝在布木布泰太皇太后的支持下，决定收回大权，康熙从侍卫中选拔身体强壮并效忠于自己的少年武士，每日练习摔跤格斗。鳌拜以为这是小孩玩耍游戏，并未在意。

康熙八年（1669年）五月的一天，鳌拜谎称有病没有上朝，实际上是与亲信在家密谋策划。康熙以探病为名，突然亲自来到鳌拜府上，直抵卧室。根本没有病的鳌拜见康熙突然驾临显得非常紧张，也非常气愤，竟不跪迎圣驾，一点不讲人臣礼节，狂妄到了极点。这时御前侍卫和托发现鳌拜频顾坐席，面露奸笑，感觉情况有异，便警觉地疾步上前将席子掀起，竟发现藏有一把短刀。按照大清法律，见皇上时身边不能有武器，否则要斩首。但鳌拜对此一点也没有表现出惊恐的样子，满不在乎，且看你能把我怎么样的意思。此时的康熙心里清楚地知道，这是在鳌拜府上不是在宫廷。鳌拜久经沙场，十分勇武，且心狠手辣，真要动手，卫士不一定占上风。现在到了箭在弦上，有一触即发之势，稍有不慎，将遭灭顶之灾，不由得心里发凉。但康熙表现得却非常冷静、沉着，他淡淡地说："刀不离身乃满族故俗，不足为怪也。"一句话，化解了紧张局面。康熙起驾回宫前还着实劝谕安抚了鳌拜一番，让他保重身体，以此来迷惑鳌拜。

回宫后，康熙越想越怕，立即入见祖母太皇太后，备述详情。布木布泰太皇太后深感形势危急，委屈也难以求全，除掉鳌拜势在必行，宜早不宜迟，遂与康熙商定了捉鳌计划。经过深思熟虑，决定采取欲擒故纵的策略，给鳌拜一种错觉。于是，康熙挑选了几十个身强力壮、反应敏捷的满族少年进宫，大张旗鼓地与他们练习"布库"（满族的传统体育游戏，近似于摔跤），让鳌拜觉得他是一个胸无大志贪玩爱耍的孩子。满朝文武也都认为小皇帝玩心太重。一切准备就绪，康熙八年（1669年）五月十六日这天，康熙根据祖母太皇太后的安排，以下棋为名召索额图进宫，商量擒鳌拜一事。索额图是已故首辅大臣索尼的次子、康熙的叔丈人，威望很高。他原任一等侍卫，康熙七年（1668年）六月改任吏部右侍郎。不久，又复任一等侍卫，重新回到皇帝身边。遵照祖母太皇太后旨意，在行动之前，康熙将鳌拜的党羽以各种名义先后派出，命其胞弟内大臣哈巴、亲侄侍卫苏尔马、死党理藩院左侍郎绰克托、工部尚书都统济世等人，分别到察哈尔、科尔沁、苏尼特、福建等地出差，使鳌拜孤立无援。

康熙在宣鳌拜进宫前，对那些参加布库的满族少年做了交代。太皇太后认为，如果此举成功，当然是天大的好事，如果失手，也无关紧要，可以推托是借此检验一下孩子们的勇武之威，属于少年不懂事的荒唐行为。进可攻，退可守。

没过多久，鳌拜就大摇大摆地进入皇宫。这时，正在做布库游戏的小孩蜂拥而上，一下子就把鳌拜摔倒在地，并且结结实实地捆了起来。直到这时，鳌拜还没弄清楚是怎么回事。这时，康熙宣布鳌拜"上违君父重托，下则残害生民，种种劣迹，难以枚举"。经过审问，列举其大罪三十条，本应立斩，但念其是顾命辅臣，又有战功，且效力多年，免其一死，革职籍没，与其子一道终身监禁；党羽一律处以死刑。同年，鳌拜死于狱中。

除掉鳌拜，康熙掌握实权以后，紧紧依靠宿臣老将，如索额图、杰书、图海等人，采取了一系列革新朝政的措施，深得人心。医治战争的创伤，逐步恢复和发展社会经济，改变了生产倒退、民生凋敝的困难局面，使久困于战乱和饥荒的百姓得以休养生息。

（二）削平三藩绥靖寰宇

铲除鳌拜集团以后，年轻的康熙又经历了"三藩"作乱的考验。"三藩"是投顺清朝后封为藩王的三个明臣的总称，即云南的平西王吴三桂、广东的平南王尚可喜、福建的靖南王耿精忠（袭其祖耿仲明、父耿继业爵位）。三藩本身或他们的父祖辈都是叛明降清的汉族将领，靠镇压农民起义、背叛明朝起家。他们受封藩王后，拥兵自重，逐渐形成了三个封建割据的独立王国。

三藩中吴三桂是头号人物，他是辽东（今辽宁省辽阳市）人，武举出身，在明朝末年，曾任辽东总兵，镇守山海关。农民起义军领袖李自成攻克北京后，曾经招降过吴三桂。然而，由于农民军策略有误，反而使他投到了大清的怀抱中，充当清军入关的先锋，引清军攻入北京城内，残酷镇压了李自成起义军。接着，他又配合清军镇压各地人民的抗清斗争。因此，吴三桂被清统治者倚重，受封为平西王。

尚之信的父亲是尚可喜，原为降清明将。清初，尚可喜带兵入关，后来镇守广州，受封为平南王。其长子尚之信，粗暴凶残，养狗取乐，随意杀人，甚至以割人肉喂狗为戏。尚之信甚至连父亲都不放在眼里。父子政见不合，尚之信渐渐将父亲晚年的藩王大权掌握在自己的手中。

耿精忠的祖父耿仲明，也是叛明降清的将领，后被封为靖南王，其子耿继茂及孙耿精忠承袭其职。耿精忠对福建劳动人民肆意盘剥压榨，而且生性骄奢淫暴、肆意妄为。他发怒时，常剥人皮以泄恨，每年剥人皮数十张。耿精忠野心极大，谋反称霸一方的念头早已有之。

吴三桂、尚之信、耿精忠合称"三藩"，他们都怀有分裂叛乱的野心，在对抗中央的统一目标下，他们逐渐结成了反对中央政权的死党。他们残酷地搜刮民脂民膏，每年花两千多万两银子去养活自己的军队，致使"天下财赋，半耗于三藩"。这时，他们又期望依靠这支军队为自己卖命，去发动大规模的武装叛乱，把广大劳动人民重新拖入分裂混乱的灾难之中。康熙帝亲政时便意识

到三藩割据的隐患，并且注意到吴三桂等人的分裂之心蓄谋已久，渐成尾大不掉之势，若不及早清除，迟早要祸及国家。因此，康熙帝早就有撤藩的打算。亲政后，他亲自书写了"三藩、河务、漕运"的条幅悬挂于宫中柱子上，把解决三藩问题作为朝夕不忘的首要大事。当康熙帝收到吴三桂和耿精忠为掩盖自己叛乱意图而假意要求撤藩的疏文以后，便先交给大臣们讨论，结果反对撤藩的人占了绝大多数，而同意撤藩的人却只有几个。反对撤藩者提出了种种理由。有人认为，移藩后要派军队去原藩地镇守，劳废甚大；更有的人甚至为吴三桂求情，说他镇守边关，物足民丰，并无谋反的征兆。议政王贝勒大臣们也议论纷纷，莫衷一是。只有兵部尚书明珠、户部尚书思翰、刑部尚书莫洛等少数人坚决主张撤藩。

康熙征求祖母意见，太皇太后以她丰富的政治经验和敏锐的洞察力指出，三藩叛乱蓄谋已久，早有叛逆之心，撤藩与否，他们都会谋反。她又讲述了汉初吴楚七国之乱的教训，支持康熙下定决心解决三藩问题。康熙得到了祖母太皇太后的支持，更坚定了他撤藩的决心。康熙十二年（1673年），康熙帝颁布谕令，命吴三桂、耿精忠同时撤藩，还籍家乡，将地方行政权移交给有关的总督、巡抚，以消除叛乱隐患；同时，特派侍郎折尔肯、学士傅达礼赴云南，户部尚书梁清标赴广州，吏部侍郎陈一炳赴福建，催促办理撤藩事宜。

实际上，吴三桂、耿精忠假请撤藩，不过是为了试探一下康熙帝的态度，没料到康熙帝竟认真起来，居然真的要撤藩。

老奸巨猾的吴三桂玩弄两面法，一面恭恭敬敬地上疏康熙帝，表示接受撤藩的决定；一面死赖在昆明不走，暗中调兵遣将，抢守云南各地的关隘，所有的文武官员和过往行人，只准进，不准出，积极策划武装叛乱。最初，吴三桂虑及已做朝廷驸马的儿子吴应熊及孙子吴世霖在京城的安危，有些犹豫不决。但经过手下众人的劝说，决定立即起兵。

吴三桂的反讯传到京师后，清廷大为震动。围绕着吴氏叛乱，清廷内部展开了激烈的争论。大臣魏像枢要康熙帝以舜感化苗民为榜样，以德服人，行"仁义"以平叛乱，说什么根本不用军队，只要皇帝一出招抚令，吴三桂便会偃旗息鼓，自动服从中央政府。以索额图为代表的反撤藩派认为，应尽快处死明珠等撤藩派，以谢罪吴三桂，同时，取消撤藩令，恢复三藩权利。早和吴三桂有勾结的西藏达赖喇嘛五世，也向康熙提出了"裂土罢兵"的建议。危难之际，孝庄太皇太后坚决主张撤藩，她指出，可调八旗劲兵一起平叛，"军需内协外济，足支十年，可无他虑"。

康熙听取了孝庄太皇太后撤藩的意见，不怕气焰嚣张的吴三桂的威胁，不走汉初诛杀晁错的老路，决心以武力平叛，不让分裂国家的阴谋得逞。随后，康熙下达了武装平叛的命令。他毅然调集大军，前往湖北、江西、陕西、浙江等地，镇压叛乱。鉴于三藩同举反旗，战火迅速燃遍了大半个中国，康熙帝通观全局，临危不乱，冷静指挥军务，他知道吴三桂是三藩祸乱之首，灭掉吴三桂，其他叛军便会不攻自破。于是，他确定了军事上重点打击吴三桂，以及对耿精忠和尚之信实行招抚的策略。康熙谕令："停撤平南、靖南二藩。"并传令兵部，劝耿精忠诚心悔悟，即刻息兵，立功赎罪，仍可封官晋爵。他又指示吏部传令，凡在北方做事和生活的原吴三桂属下的文武官员人等，"概不株连治罪""各宜安心守职，毋庸怀疑"。又通告已在吴三桂控制下的云贵等省的军民，不要听信叛军的利诱，只要能幡然悔悟，便可既往不咎。布木布泰太皇太后，见康熙调兵遣将有板有眼，法度森严，感到康熙已经成熟起来了，心中十分欣慰。她本人也日夜操劳，呕心沥血，全力支持康熙，在八旗将士出征平叛时，她拿出了平日宫中节省下来的银两、绸缎作为犒赏，这使年轻的康熙更增添了平叛的信心和力量。

就在清军同吴三桂叛军激烈交战的时候，蒙古察哈尔部布尔尼也乘虚起兵。后院起火，形势十分危急，康熙立即求助于祖母太皇太后。太皇太后表现得十分冷静，她面授机宜，对康熙说："现在大军南征，京师空虚，应先派使者前往察哈尔实行安抚，以麻痹布尔尼。大学士图海才略出众，可委任平叛。"康熙依计而行，起用图海。图海率数万家奴组成的队伍，很快就平定了布尔尼叛乱，既稳定了后方，又保证了前线对吴三桂叛军的战斗。到康熙二十年（1681 年），三藩之乱平定，康熙亲自到孝庄太皇

太后的寝宫奏捷，他兴高采烈地说："臣谨遵圣母太皇太后教训，终得绥靖寰宇，叛逆削平，今日万民同贺，实应感戴太皇太后恩训。"

历时八年（1673—1681年），波及十余个省区的三藩之乱终于被彻底平息了。这场战乱，也使清朝经受了严峻的考验。年轻的康熙帝在祖母太皇太后的鼎力支持和帮助下领导了这场艰难的战争，并取得了最终胜利，这也使他在满汉臣僚中的威望大为提高。康熙帝的统治更加巩固了。

中国古代著名皇后

七、康熙尽孝孝庄归天

（一）独步古今孝庄归天

经过布木布泰太皇太后多年的心血，终于把康熙培养成一位雄才大略的帝王，这是她的初衷和满腔的期望，也是她的巨大成功。同样，她也因此赢得康熙无比的崇仰和孝敬，她的生活起居得到了康熙无微不至的关怀，直到晚年仍得享天伦之乐，这在历史上充满倾轧与血腥的宫廷生活中是不多见的。

康熙即位后，布木布泰太皇太后已是年过半百的老妇。康熙自幼就十分尊重德高望重的祖母。每当他上朝回宫，照例都要到祖母寝宫请安问候，有时一天就要去几次。自然，每到此时，太后都不失时机地向康熙传授治国方略、为君之道。

康熙十一年（1672年）二月，布木布泰太皇太后前往赤城（今河北赤城）温泉时，途经长安岭，因山岭峻险陡绝，康熙下马亲自扶着她的凤辇攀登。回来时，正赶上天降大雨，山路湿滑，康熙便下马，冒雨扶着孝庄太皇太后的凤辇徒步而行。太皇太后见状，不忍孙儿淋雨，就命他骑马从行，康熙为了祖母的安全，坚持不肯，直到平安下岭走上平坦大道，才乘马傍依着祖母而行。到三藩之乱平定后，国势蒸蒸日上，康熙已是十分成熟的帝王，他对祖母太皇太后的感情更加深厚。康熙陪太皇太后在赤诚温泉期间，京师来报，康熙皇二子，四岁的承佑得病死去。康熙强忍悲痛不让太皇太后知道此事，每天照样"去太皇太后行宫问安，笑语如常"。"礼部来奏安葬皇子事，上恐太皇太后闻知，召之僻静处，近前垂泪面谕安葬事宜"。

同年八月，康熙又陪布木布泰太皇太后去遵化洗温泉。此行亦如上次，刚到遵化，京师来奏：皇后病了。康熙下令不许将此事告知太皇太后。几天后，京师又来急奏，皇后病重。布木布泰得知此情，命康熙速回宫。康熙不从，布木布泰太皇太后气愤地说：

"尔奉我同行，故为孝思；遵命前往，亦孝道也。"康熙见太皇太后动气，不敢违背，赶回宫中。几天后，皇后刚有好转，康熙又不顾疲劳，乘马急返遵化侍奉祖母。

有一次，布木布泰太皇太后生病，十分想念远嫁到巴林（今内蒙古林西）的女儿淑慧长公主。康熙得知，立即命人用御轿前去迎接。很快，公主就回到宫中，太皇太后一见女儿，喜出望外，不久便康复了。太皇太后年事日高后，经常染些小病，康熙对祖母的身体十分挂念。每逢康熙外巡，都会每日派人问候祖母起居。康熙二十一年（1682 年），他赴奉天拜谒先帝陵寝，路途之上，屡次奏书问安，这次康熙出行两个多月，途中给祖母来信十二封，并派人献上沿途特产。到达盛京，康熙又亲自捕得鲢鱼、鲫鱼，浸以羊脂；山中野果榛子、山核桃等，朝鲜进贡柿饼、松果、栗子、银杏等，皆让人进献祖母。闻之太皇太后身体不适，便立即星夜兼程赶回，当回到京城后，祖母的病早已痊愈了。康熙二十二年（1683 年）秋天，康熙陪伴祖母太皇太后游五台山，因山路崎岖坎坷，乘车辇不便，康熙便备八人暖轿。太皇太后虑及轿夫艰难，没有答应，仍坚持乘车辇。康熙无奈，只得依从，但他瞒着祖母，令轿随行。中途，车辇实在不安稳，康熙奏请祖母改乘轿子，太皇太后道："乘车而来，怎知何处有轿，焉能马上就到？"康熙答道："祖母放心，轿就在后面。"太皇太后见暖轿来到近前，十分高兴，抚着孙儿赞叹不已，她说："乘车坐轿，本来就是琐细之事，何况又在路途之中，难为你一片诚意，竟考虑得如此周到细致，吾孙实为大孝！"区区小事，令太皇太后备感孙儿的体贴与关怀。

康熙二十四年（1685 年）康熙身体欠佳，布木布泰太皇太后令他到外地避暑静养。刚去几天，京师来奏：太皇太后生病了。皇子夭亡、皇后生病，康熙在外可以不理会。然而一听说祖母病了，康熙立即上马，日夜兼程赶回宫中，侍奉祖母。当他得知祖母原定 9 月 18 日去白塔寺烧香许愿时，便决定替祖母代行。时值大雨，康熙出于对祖母的孝心和虔诚，带病冒雨前行，上香许愿。

康熙二十六年（1687 年）深秋，老迈年高的布木布泰再一次病倒了，因多年积虑焦思与辛勤操劳，她好像再也经受不住病魔缠身。这一次，她病得异常严重。康熙十分焦急，昼夜在慈宁宫护理太后，不离左右，他亲自验方调药。每当祖母安静地睡去，康熙就在一旁隔幔静候，席地而坐，一听到祖母有什么动静，便亲奉以进。为了满足祖母不时之需，凡坐卧用品、饮食肴馔无不具备，仅保健粥就有三十多种。布木布泰太皇太后见他如此，命他回宫休息，要珍重自己，诸大臣也一再恳请他保重身体，康熙仍坚持侍奉。在布木布泰太皇太后病危之际，他竟有三十五个昼夜衣不解带，目不交睫，可谓竭尽心力，备尽孝道。无奈布木布泰太皇太后已是风烛残年，她的病一天重似一天。腊月以后，太皇太后已近垂危。康熙五内焦灼，不知所措。为了使祖母转危为安，他亲自率王公大臣步行到天坛，祈祷上苍："若是祖母太皇太后寿算已穷，情愿减损臣之阳寿，冀增她老人家数年之寿。"这种心愿在当时是最为虔诚的表示，因为他们相信，冥冥之中，上苍主宰着每个人的生老病死。康熙在向上苍表达这种心愿时，又无限感慨地念及自己三十余年承蒙太皇太后的悉心教养。在诵读祝文之时，不由得涕泪交颐、百感交集。诸大臣为皇上的虔诚所感动，无不掩面而泣。

布木布泰太皇太后临终前，仍念念不忘告诫康熙："我死以后，万毋过于悲伤，宜勉自节哀，以万机为重。"平心而论，布木布泰太皇太后对康熙的治国才能是放心的，弥留之际，她的内心是祥和而满足的。临终前，她还交代了自己的后事。她反复叮嘱康熙说："太宗文皇帝（皇太极）梓宫，安奉已久，不可为我轻动。况我内心依恋你，不忍就此远去，务必在孝陵（顺治陵，位于今河北遵化）附近，择吉安葬。如此，我在九泉之下，也无所遗憾了！"看着大清帝国蓬勃向上、康熙皇帝英武雄才，她极其坦然，也心满意足。

康熙二十六年腊月二十五日（1688 年 1 月 27 日），太皇太后安详地闭上了眼睛，终年 75 岁。

祖母之死，使康熙痛不欲生。他特地将祖母生前最喜爱的慈宁宫东王殿拆迁到孝陵附近，依原样重建，称为"暂安奉殿"，将她的灵柩停放于此。康熙皇帝丧服用布不用帛，又欲在宫中守三年之丧，追赠谥号为"孝庄仁宣诚宪恭懿翊天启圣文皇后"。一切礼节都逾越皇帝为太后举丧的仪制范围和规格，足以显示康熙

对这位祖母的敬慕爱恋与至痛至哀。从孝庄之死至次年四月梓棺移至东陵期间，康熙一直住在乾清门外临时搭建的帐篷里，"席地而处，并不设褥"。孝庄的逝世，对康熙的身心刺激很大，一度使康熙的记忆力明显减退，他曾对大臣们讲："朕躬不逮往时，自太皇太后违和以来，深觉迷愦，极切忧劳，倾听言旋即忘。"对祖母的怀念一直伴随了康熙的一生，"终生思慕，每一言及，声泪俱发"。

布木布泰太皇太后死后，康熙的天道观有了很大改变。以往逢天旱等灾年，康熙都率诸王大臣到天坛祈雨。自从康熙二十六年布木布泰太皇太后病危康熙去天坛祈祷无效后，此后三十五年间，他再也没去过天坛。可见，布木布泰太皇太后在康熙心中的地位是何等重要。

孝庄死后三十年，康熙已是六十多岁的老翁了，然而与朝臣一谈起祖母，还是老泪纵横。足见康熙对祖母的怀念是多么真挚感人，堪称千古奇孝。

康熙的后世子孙对孝庄太皇太后的功德仍感念不忘，雍正皇帝赞扬他的太祖母"统两朝之养孝，极三世之尊亲"。后来，到乾隆时，经累次加册，孝庄太后的谥号已增至十六个字："孝庄仁宣诚宪恭懿至德纯徽翊天启圣皇后。"

纵观孝庄文皇后的一生，她经历清初四帝，辅佐三朝，可谓呕心沥血、殊功显赫。她以其聪明睿智和特殊地位，对调和清宫内部的矛盾和斗争、稳定清初的社会秩序、促进国家的统一和巩固、开创清初鼎盛局面，作出了杰出贡献，堪称震古烁今的女政治家。

（二）康熙三巡祖母故里

康熙不仅在祖母布木布泰太皇太后生前对其极尽孝道，在其死后，康熙又三巡布木布泰的故里——内蒙古科尔沁部地。体现了康熙对祖母孝庄太皇太后无尽的思念和尊崇。

康熙第一次到科尔沁草原是在康熙三十七年（1698年），这是他三度亲征、平定噶尔丹后，想把胜利的喜讯告诉祖母家乡的臣民，同时褒奖科尔沁部在平定噶尔丹叛乱中建立的卓越功绩。这次，他在科尔沁部停留了四

十多天。康熙一生的巡幸中，在一个地方停留这么长时间，是不多见的。是科尔沁部的美景使他流连忘返，还是他思念祖母情感的一种表达，抑或是对屡建殊功的科尔沁部蒙古的特殊奖赏，或者是取得粉碎噶尔丹分裂祖国重大斗争胜利的一种庆祝方式。

在科尔沁辽阔的草原上，康熙组织了"围猎习武"。"围猎习武"决不是单纯地游玩取乐，实际上是带有加强武备、检阅边疆部队素质的政治意义。我们知道，清王朝在入主中原以前，是个游牧民族，善骑马、射猎，靠武备开国。当年的清军是一支训练有素、骑射娴熟、威力强大的劲旅。清兵入关确立了统治地位以后，满洲的八旗贵族袭封爵位，统军议政，担任要职、岁领厚禄。随着环境的变迁，清朝内开始出现武备松弛、尊荣享乐的苗头。八旗官兵在平三藩和准噶尔叛乱的战斗中，战斗力已大不如昔。这一点，康熙看得非常明白。他把诸多皇子带到科尔沁草原来进行"围猎习武"，是对皇子进行"警示教育"，带有明显的政治目的。在这次围猎习武中，康熙身先士卒，亲自带领诸皇子、皇亲国戚和科尔沁蒙古王公一起进行骑马、步射。对"骑射俱优"的给予嘉奖。在这次进行围猎习武中，第三代达尔罕亲王班第就获得了康熙奖赏的金币。据史料记载，康熙在这次行围中兴致极高。因为时值中秋，是捕鹿的最好时节，康熙还亲自率侍卫参加了捕鹿的活动。在科尔沁行围时，康熙即兴赋诗一首：

塞外偶述

晓雾迷前岭，蒙茸露未晞。

林中呼鹿罢，山下射熊归。

水绕周庐曲，原高众幕围。

时平疆域远，万里尽庭扉。

八月十五中秋节，康熙龙颜大悦，在科尔沁草原上支起帐篷，犒赏为大清国立下汗马功劳的科尔沁蒙古王公。康熙用诗记录下了当时的情景：

口外中秋

荒塞天底夜有霜，

一轮明月照苍凉。

不贪玉宇琼楼看，

独在遐陬理外疆。

与众蒙古宴

大野支黄幄，长筵藉软莎。

思膏宣塞下，部落列山阿。

法酒沾人醉，椎牛飨众多。

提携皆妇幼，千帐动欢歌。

宴会期间，还举行了诈马（速度赛马），什榜（演奏蒙古音乐），布库（摔跤比赛）等娱乐活动，近三万人的欢宴，在科尔沁草原上是盛况空前的。当时除科尔沁部的蒙古王公出席了宴请外，奈曼、扎鲁特、傲汗等部落的蒙古王公也被请来了一些。这次宴请是一场"政治宴"，因为当时俄国觊觎蒙古及中国东北地区，康熙通过宴请来联络蒙古王公感情，加强边疆防务，布置防俄措施。

九月初一，康熙驻跸在科尔沁草原上一个叫克尔苏的地方，他亲自到舅爷（孝庄文皇后的四哥）第一代达尔罕亲王满珠习礼的墓前祭奠。九月三日，康熙来到科尔沁左翼中旗呼和格乐嘎查（今属玛拉沁苏木）看望纯禧公主及额驸般迪。纯禧公主是康熙从弟恭亲王常宁的长女，康熙二十九年（1690年）三月下嫁给将军、功名赫赫的朝廷重臣科尔沁台吉般迪为妻。纯禧公主是由康熙在宫中养大的，因此深受康熙的喜爱。康熙驻跸在公主府，并赐给纯禧公主白金彩缎。纯禧公主府是清廷拨银两专门建造的，由四进三组院落组成，占地一万多平方米。主体建筑为正门七间、正点七间、寝殿七间、膳房八间、正殿、寝殿东西两侧都有陪

草原之花——布木布泰

殿，殿与陪殿由回廊连接，浑然一体。整个府第气势宏伟、蔚为壮观，内部装饰也雕镂精细，雍容华贵。这样规模的公主府在蒙古乃至全国都是不多见的，体现了康熙皇帝对这位下嫁到科尔沁部落的公主的关爱和厚待。

九月十日，康熙离开了祖母孝庄文皇后的故里——科尔沁草原，到了吉林，25 日到达松花江畔的将军衙门。望着滔滔江水，又引起了他对祖母的思念，祖母的音容笑貌又浮现在脑海，特作诗一首，追念祖母：

曾向慈宁草奏笺，

夜张银烛大江边。

重来往事俄追忆，

转眼光阴十七年。

九月二十九日，康熙驾临盛京，十月十六日返回北京。这次出巡总共七十六天，在科尔沁就呆了四十多天。

三年后，也就是康熙四十年（1701 年）六月，康熙第二次巡幸科尔沁。七月初二，他在科尔沁左翼中旗额布尔昆都伦（现为扎鲁特旗境内）驻跸。康熙的姑姑固伦端敏公主和姑父、第三代达尔罕亲王班第在额布尔昆都伦和颚伦哈达河畔两次盛宴接待了康熙皇帝。固伦端敏公主是清世祖（顺治）的从弟简亲王济度的次女，顺治十年（1653 年）六月生，康熙九年（1670 年）下嫁给第三代达尔罕亲王班第。1698 年 3 月，班第率领哲里木盟十个旗的一万蒙古骑兵参加了围剿噶尔丹的战斗。在巴尔岱哈山麓战斗中，诱敌深入，有勇有谋，受到了御驾亲征的康熙的赞赏。

康熙四十四年（1705 年）十二月，康熙第三次到科尔沁草原巡幸。这次距他第二次到科尔沁来仅四年多的时间，当他来到草原上时，看到苍苍茫茫的辽阔牧场，想到与清廷皇室世结姻盟的科尔沁蒙古王公，深感这道"情感长城"比以往历代统治者用石头筑起的长城要坚固得多。"姻好"巩固了"盟好"，通过长时间、大范围的联姻，科尔沁蒙古王公不仅在政治上、经济上，而且从血统上、心理上都与满洲贵族建立了牢固的依从关系，这绵延万里的北部边疆，有科尔沁等蒙古皇亲的驻牧，组成人为长城、屏藩朔漠是大清江山最安全的屏障。康熙驻跸在韩家庄召见第三代达尔罕王班第是，不无自豪地说："本朝不设边防，蒙古部落为屏藩耳。"康熙对班第执政期间处理旗务的措施十分满意，赏赐给班第银两和鞍马。康熙四十九年（1710年）六月，班第病故，康熙亲赐祭文，并特派官员到科尔沁达尔罕王府吊唁。

康熙之后，乾隆皇帝也像他的祖父一样曾到科尔沁草原巡幸，看到水草丰美的科尔沁大草原，乾隆备感亲切，他知道他的身上，流淌着科尔沁蒙古的血；大清朝与科尔沁蒙古血脉相通，骨肉相连。于是，他情不自禁地写下了赞颂满蒙联姻的诗句：

五　律

塞牧虽称远，

姻盟向最亲；

嗣徽彤营著，

绵泽砺山申。

设侯严喧沓，

清尘奉狩巡；

敬诚甚爱处，

未忍视如宾。

乾隆皇帝把与科尔沁蒙古王公的姻亲关系视为最亲密的国姻，如同一家人一样。

乾隆这次到科尔沁草原来巡幸，也挑选了几位宠爱的皇子随驾。但什么时候来、什么时候走的、有哪几位皇子随驾，史料上没有确切记载。乾隆带皇子巡幸草原绝不单纯是游乐、度假或省亲。他是想借巡幸草原之机让皇子们走出宫禁，观察社会，了解民情，通过巡幸活动增长皇子们的见识和才干，磨炼他们的身心和意志，使皇子们不耽于安乐、心系国家，以担负起治理国家的大任。

从乾隆通过巡幸对皇子进行教育的特点

看，这种教育不是书斋式的，而是开放式的，它强调亲和自然，亲身实践，重视素质的培养和提高。今天看来，这仍然不失借鉴意义。

铁腕太后——慈禧

在中国漫长的封建政治统治中，男人一直把握着最高权力，女人是作为男人的附庸而存在的，但是在这个男权社会中，有一个女人却三次垂帘听政，两次决定皇位的继承人，将国家的命运掌控在手中长达半个世纪之久，这个女人就是慈禧。一个女人何以有这么大的本事能够掌控整个国家，让君臣都臣服于她？她又对中国近代产生了怎样的影响？让我们在书中认识一下慈禧太后吧。

一、荣为贵妃　暗争皇权

在中国漫长的封建政治统治中，男人一直把握着最高权力，女人是作为男人的附庸而存在的，但是在这个男权社会中，有一个女人却三次垂帘听政，两次决定皇位的继承人，将国家的命运掌控在手中长达半个世纪之久，这个女人就是慈禧。一个女人何以有这么大本事能够掌控整个国家，让君臣都臣服于她？她又对中国近代产生了怎样的影响？不妨我们一起走近慈禧，去认识一下历史上真正的慈禧太后。

慈禧，姓叶赫那拉，慈禧并不是她的名，而是她贵为皇太后时所上徽号中的两个字。徽号是给帝后封加的用来歌功颂德的吉祥美好名号，都是溢美之词，没有实际意义。慈禧于道光十五年十月初十日（1835年11月29日）生于北京西四牌楼劈柴胡同的一个普通旗籍官员家中，在她呱呱坠地的那一刻，除了给父母增添了一份获子的喜悦外，并没有引起太多人的注意，因为没有人会想到这个普通人家的女子，会在二十多年后坐在紫禁城里，垂帘听政，继而成为清朝最高统治者。

关于慈禧生于北京一说，目前学术界已经达成了共识，并有清史专著为证。但在野史中，关于慈禧出生地的说法五花八门，其中影响较大的有安徽芜湖说和山西长治说。

安徽芜湖说认为慈禧的父亲名惠徵，是安徽徽宁池太广道的道员（道员又名道台，是省以下府州以上的地方高级行政长官），由于贪污公款被罢免，死在路上，慈禧与妹妹奉母亲之命扶父亲的灵柩归丧。父亲丧后，孤儿寡母无以为生，慈禧因嗓音洪亮，能歌能哭，于是以做号丧女子（丧娘）糊口，后来参加选秀才得以进入宫中。

山西长治说主要是根据流传于山西长治县西坡村和上秦村一带关于慈禧身

世的口碑之传。据传慈禧是长治县西坡村汉族农民王增昌之女，名王小慊，属羊，后因家境贫寒父亲无奈将其卖给上奉村宋四元家，改名为宋龄娥。后来宋家遭难，又将其卖给潞安府知府惠徵家做丫鬟，惠徵夫人无意间见小龄娥两脚脚心都有一个瘊子，认为这是富贵命的象征，就收她为养女，改姓叶赫那拉，更名玉兰，精心栽培。慈禧天资聪颖，不仅学会填词赋诗，对满文、汉文也都很精通。后来参加选秀被选中，从此步入宫廷。

以上两说，由于都缺乏充足的证据，所以现在已被学者否定。据专家考证，慈禧生于北京这一点是确信无疑的。

咸丰二年（1852 年），慈禧 17 岁，这时的她已经成长为风姿绰约的少女了。恰在这一年，皇太后为咸丰帝挑选秀女，慈禧经过层层筛选，终于被选中了。同时被选中的还有后来成为皇后的贞嫔、云嫔、丽贵人，此时的慈禧被封为兰贵人。清代后宫中，皇后以下的嫔妃共分为七级，分别为皇贵妃、贵妃、妃、嫔、贵人、常在、答应。当时慈禧只是贵人，是第五级，对于这个地位，慈禧当然不会满意。经过两年的努力，她成功晋为懿嫔，两年之后晋为懿妃，一年之后又晋为懿贵妃。短短五年的时间，慈禧就在美女如云的后宫中脱颖而出，由第五级的兰贵人升为第二级的懿贵妃。在妃子如林的后宫，想要出人头地就必须获得皇帝的宠幸，那么慈禧是凭借什么获得了咸丰帝的宠幸呢？原因有三点：一是拥有超群的美貌，慈禧曾对身边的人自豪地说过："入宫后，宫人以我为美，咸妒我，但皆为我所制。"容貌美得已经到了遭人嫉恨的程度，可见有多美了。以我们现在的眼光来看当时慈禧的画像，依然可以感觉到她的端庄秀美。但是后宫佳丽三千，个个都是精挑细选的美女，想留住皇帝，徒有美色并不够，只有为皇帝生下儿子，才能猎取皇帝的心，这也是慈禧受宠的第二个原因。咸丰五年六月，慈禧怀孕，咸丰六年三月二十三日（1856 年 4 月 27 日）诞下皇子载淳，子嗣兴旺是龙脉延续的保证，何况之前咸丰帝连一儿半女都没有，载淳作为长子，是当时唯一的继承人。咸丰帝望着可爱的儿子兴奋不已，挥笔写下了"庶慰在天六年望，更钦率土万斯人"。"母以子贵"，慈禧地位的巨变可以说与她

诞下咸丰帝唯一的儿子息息相关。除此之外，还有一点也不可忽视，那就是慈禧不仅聪明伶俐、善解人意，还拥有一项后宫嫔妃们无人能及的能力——能读写汉文并且书法端腴。慈禧不仅有天分还很用功，在圆明园居住时，"因日习书画以自娱，故后能草书，又能画兰竹"。"西后先入宫，夏日单衣，方校书卷"。炎炎夏日，她身着单衣，伏案校读书卷，刻苦可见一斑。咸丰帝寄情声色，懒于国事，由于慈禧能读写汉文，有些奏章就让慈禧代阅，甚至有时，就让慈禧直接代笔批答了，可谓"时时披览各省奏章，通晓大事"。这样，慈禧在批阅奏章的同时不仅得到了咸丰帝的宠信，也开阔了自己的视野，锻炼了自己的政治才能。

第二次鸦片战争爆发之后，面对英法联军的大举进攻，清政府军队不堪一击，节节败退，战事危急，而此时的咸丰帝在做些什么呢？《崇陵传信录》中有如下描述"英法联军突破了清军道道防线并攻陷天津这日，正逢咸丰帝在圆明园的天地一家春与后妃共宴，酒至一半，军机处奏报：英法联军已陷天津。咸丰帝痛哭不止，皇后钮祜禄氏与嫔妃哭成一团……"巨变面前，咸丰帝的懦弱无能暴露无遗，大臣们也分为主战派与主和派，肃顺等人极力主张咸丰帝北逃热河（今承德市），而奕䜣、文祥则坚决反对。最后咸丰帝还是决定北逃，他将烂摊子留给恭亲王奕䜣，让他留在北京和列强谈判，自己则领着朝臣与嫔妃逃到承德避暑山庄。

国家的内忧外患不但没有激起咸丰帝的斗志，反而使他来到热河之后变本加厉，生活更加不加节制，使本来羸弱的身体每况愈下，不但面呈黄色，而且久咳不止。身体的虚弱使他不得不考虑皇权的交接问题，他曾担心自己死后，儿子年幼，出现由母亲慈禧擅权的局面，"帝晚年颇不满意于慈禧，以其佻巧奸诈，将来必以母后擅权破坏祖训，平时从容与肃顺密谋，欲以钩弋夫人例待之"（《清史拾遗》）。钩弋夫人是汉武帝的宠姬，汉昭帝弗陵的母亲，汉武帝甚爱聪慧健壮的弗陵，想立他为皇嗣，但又怕子少母壮，钩弋夫人在他死后专权，于是就随便找了个借口把钩弋夫人赐死了。此时的咸丰帝也是有此顾虑，便和

中国古代著名皇后

肃顺商议想让慈禧成为第二个钩弋夫人。这时的慈禧可谓命悬一线，她本人也清楚地认识到了这一点。身居后宫的她，没有任何力量可以依靠，对于强敌肃顺的咄咄逼人，她明白，如果自己硬碰硬，那只能是以卵击石，只有以退为进，容忍肃顺的锋芒与挑衅，才能积蓄力量以待后发。于是慈禧处处忍让，常以一副无辜的脸孔示人，并在咸丰帝的病榻前抱着皇子以泪洗面，以博得咸丰帝的同情，最后终于打动了咸丰帝，放弃了杀慈禧的念头。

咸丰十一年七月十六日（1861 年 8 月 21 日）晚，咸丰帝出现昏厥症状，半夜才苏醒过来。他自知自己时日不多，便召来内廷大臣安排后事。他口述了两道谕旨，命辅臣承写：第一是立皇长子（载淳）为皇太子，第二是派载垣、端华、景寿、肃顺、穆荫、匡源、杜翰、焦佑瀛尽心辅弼，赞襄一切政务。这两道谕旨是咸丰帝在总结了幼年即位的顺治帝福临和康熙帝玄烨两位先祖的经验教训的基础之上，精心拟制的。八大臣"赞襄一切政务"的辅政体系可以通过多人之间的互相牵制，杜绝大臣专权现象的出现。即使如此，咸丰帝仍然感到不可靠，他觉得必须给予皇后和皇贵妃一定的权力，使她们能在关键时刻有能力保护皇子，于是又将两枚随身印章"御赏"与"同道堂"分别授予皇后钮祜禄氏和儿子载淳，载淳只有 6 岁，无法正常处理政务，便由他的母亲慈禧代为掌管。凡是谕旨，起首处盖"御赏"印，结尾处盖"同道堂"印，只有盖了这两方印鉴，谕旨才生效。这样，就形成了两宫太后代政与以肃顺为首的八大臣辅政的体制，慈禧也成功跻身核心统治集团，为她之后的争夺皇权打下了基础。

铁腕太后——慈禧

二、辛酉政变　初次垂帘

咸丰十一年七月十六日（1861 年 8 月 22 日），咸丰帝在避暑山庄的烟波致爽殿驾崩。次日颁布了遗诏。十八日，内阁奉上谕，钮祜禄氏尊为母后皇太后，那拉氏尊为圣母皇太后。咸丰帝对皇权的交接问题看似考虑得周到全面，实则

存在着一个不容忽视的漏洞，这就是对于谕旨的拟定、呈览、修改、颁发等一系列问题没有留下任何意见。谕旨是皇权的重要象征，可以说谁掌握了谕旨的颁布权，谁就拥有了最高皇权，由于这个重大疏忽，两宫皇太后与八大臣之间的矛盾很快就暴露出来。两宫皇太后在避暑山庄的澹泊敬诚殿召见八大臣，商议有关谕旨的拟定、颁发与疏章上奏和官吏任免等重要事项的处理方法。八位辅政大臣提出了早就准备好的方案："谕旨由大臣拟定，太后但钤印，弗得改易，章疏不呈内览。"意思就是皇帝的谕旨由大臣拟定，皇太后只管钤印，没有改动的权力，臣下的奏章也一概不用进呈皇太后阅看。如果真按大臣的提议照办，那么两宫皇太后就成了只管盖章的工具，没有任何实质性的权力。这样明目张胆地暴露心迹，说明八大臣根本没有把这孤儿寡母放在眼里。绝顶聪明的慈禧哪肯善罢甘休，自从入宫以来，她所做的一切努力就只有一个目标，就是等儿子成为皇帝后，自己作为皇太后掌握最高的权力，当这一切终于成真，自己终于有机会可以大展拳脚的时候，八大臣的这一奏章成了第一个拦路虎。于是慈禧据理力争，给予八大臣以坚决反击，这种原则性的问题怎可退让？双方僵持不下，足足争执了四天，最后八大臣做了让步，双方达成了最后的解决方法：谕旨由八大臣拟订，呈皇太后阅览，两宫皇太后和皇帝阅后如果同意就上下各用一印，应该由皇帝批改的地方也用玉玺代替，玉玺存在皇太后处。至于官员的任免，则各省督抚等重要职位由八大臣提名，请两宫太后裁决，其他人员的任免用擎签（抽签）的方法决定。

这第一回合的交手，以两宫太后的胜利而收场。经过与八大臣的初次交

中国古代著名皇后

锋，慈禧也看透了八大臣觊觎皇权的野心。但避暑山庄是八大臣的势力范围，身处其中，他们随时还会遇到意想不到的非难，要想突破重围，必须寻求帮助。左思右量，慈禧想到了远在北京的恭亲王奕䜣，他可谓是扩大自己战线增强自己实力的不二人选。

　　奕䜣是道光帝的第六子，才智过人，深得道光帝的宠爱。道光帝在传位给四子奕詝和六子奕䜣的问题上颇费踌躇，四子奕詝"长且贤"、仁孝有加，六子奕䜣天资聪颖、文武双全，后经过一番考虑，道光帝秘密立储"皇四子奕詝立为太子，皇六子奕䜣封为亲王"。一匣两谕，可算是大清秘密建储的一个特例了，可这个被道光帝左挑右选的接班人却是个风流成性、不成大器的皇帝。即位后，咸丰帝无法包容周围人对奕䜣的认可和爱戴，便以奕䜣的母亲争皇后封号为由罢免了奕䜣的一切职务，还下令奕䜣去"上书房读书"，不给奕䜣施展才华的机会。慈禧虽然没有更多的机会接触奕䜣，但她知道奕䜣的魄力与才干要远远胜于咸丰帝，在这个紧要关头，争取到奕䜣，委以重任，可使己方的力量和八大臣抗衡。可是如何在八大臣严密的监控之下与奕䜣取得联络，让慈禧大伤脑筋。思忖再三，慈禧决定用密信联络，用方略馆的公家信封，由方略馆发送，以保证密信快速安全地到达。这样恭亲王奕䜣在最短的时间内了解到了热河的政治状况和两宫的意图，本来在北京的奕䜣，对咸丰帝将他完全排除在核心统治集团之外早已不满，恰逢两宫太后来信传见，希望与他联合起来扳倒肃顺，一致的目标使得叔嫂一拍即合。

　　咸丰十一年（1861 年）七月二十六日，恭亲王奕䜣怀着急切的心情踏上了北赴热河的行程，他日夜兼程，只用四天的时间就来到了热河。八月初一日，奕䜣在咸丰帝的灵堂悲痛地祭奠了哥哥，他"伏地大恸，声彻殿陛，旁人无不下泪"（《热河密札》）。祭奠之后，按原先密定的计划，慈禧以"探问京城被劫后情况"为由迫不及待地单独召见了恭亲王。这次召见长达两个小时，二人详细地策划了铲除肃顺等八大臣的步骤和方法，主要有：政变的地点。奕䜣认为热河受八大臣势力控制，不宜在热河发难，"非还京不可"，"坚请速归"；外国人对于政变的可能态度。奕䜣表示外国人不会有异议，如有唯他是问；确定政变拟旨的人选。这个人既要绝对

可靠又要笔力雄健，经过一番考虑，双方认定慈禧的妹夫，奕䜣的弟弟醇亲王奕譞最为合适，后来的事实证明，这个决定是完全正确的。召见完毕，奕䜣虽然内心激动，但为了避免引起怀疑，表面上依然表现得很谦卑。以肃顺为首的八大臣集团以为大权在握，看轻了两宫皇太后和奕䜣，一味地满足于封官晋爵，导致一场政变在自己的眼皮子底下酝酿成功了。根据慈禧的授意，奕䜣找到协办大学士周祖培，与他共同寻找一个能为太后的垂帘听政制造舆论氛围的人。慈禧为什么这么相信周祖培呢？原因在于周祖培从嘉庆朝就进入翰林院，不仅勤于政事，而且善于文墨，他出任户部汉尚书时，作为户部满尚书的肃顺却没有把这个比自己年长二十多岁的汉尚书放在眼里，处处与他为难，专横跋扈到无所顾忌的程度。周祖培慑于肃顺的淫威只能默默忍受，后来宁愿放弃职务，到内阁做了一个有名无实的大学士。这样一个受肃顺百般压迫排挤的大学士可以说是慈禧目前为自己鼓噪壮势的最好人选。周祖培也不负众望，将他的得意门生——山东道监察御史董元醇推上了前台。董元醇秉承他的意图，以《奏请皇太后权理朝政并另简亲王辅政折》吹响了太后垂帘听政的第一声号角。

　　董元醇在奏折中主要提到两点：一是鉴于皇帝年龄太小，皇太后应该"权理朝政，左右不得干预"。二是帝王莫不以尊贤为急务，现在应于"亲王中简派一二人，令其同心辅弼一切事物，意即把恭亲王奕䜣和慈禧的妹夫醇亲王奕譞也纳入辅政的集团之中。八月八日，奏折送达热河。八大臣看了之后非常气愤，但他们没有马上行动，而是先上报给两宫皇太后，想看看两宫皇太后的反应之后再予以定夺。不出所料，慈禧阅后大喜过望，尤其是奏折中的"皇太后暂时权理朝政，左右不得干预"更是她求之不得的。为了密商对策，慈禧把这个奏折压了十日仍未下发，肃顺等八大臣等得不耐烦了，就主动要求召见，索要奏折。慈禧以要留着阅看为由仍是不发。十一日，两宫太后和小皇帝接见了八大臣，表示共议董元醇的奏章。八大臣已明了慈禧的如意算盘，当即表示反对。双方激烈地争吵起来，"声震陛殿，天子惊怖，至于啼泣，遗溺后衣"。这场斗争一直延续到十二日，八大臣见两个女人不肯服输，干脆把一切朝政都弃之不顾，也不移交给皇太后。这是违抗圣旨的严重政治事件，两宫太后没有办法，

决定暂时忍耐，将八大臣拟订的公开批驳董元醇的谕旨下发，且一字不改，谕旨下发以后，八大臣这才"照常办事，言笑如初"。这一回合以八大臣的胜利暂时告终。经过了这场较量，慈禧也更加清楚地认识到自己的轻率和轻敌，时机未到就贸然行动，导致败下阵来。

九月一日，大学士桂良等奏恭母后皇太后钮祜禄氏徽号为慈安皇太后，圣母皇太后那拉氏徽号为慈禧皇太后，慈禧一名正是由此而来。

九月二十三日，咸丰帝的灵柩启程归京。归京的队伍分为两队，一队是两宫太后和小皇帝，由载垣、端华、景寿、穆荫等护送，另一队是由肃顺护送的梓宫队伍，由大路行进。八大臣分开行动对两宫太后非常有利，为她们发动政变创造了难得的机会。两宫太后不敢松懈，马不停蹄地来到京郊后，不等进城就立即在郊外召见了奕䜣，共商政变的具体程序。

九月三十日，两宫太后召见了恭亲王奕䜣、大学士桂良、周祖培、贾桢等，两宫太后痛哭流涕地向众人控诉了八大臣欺辱孤儿寡母的行径，群情激奋，众人发誓要与八大臣势不两立。慈禧见时机已经成熟，就拿出了由醇亲王奕譞早已拟定好的谕旨，当众宣布了八大臣的三大罪状，肃顺、载垣、端华三人被卸任，景寿等五人被退出军机处。谕旨是在八大臣不在场的情况下宣布的。八大臣风尘仆仆地刚赶到京城，就直接被捉拿，慈禧的行动真可谓迅雷不及掩耳。

十月一日，两宫太后连发两道谕旨，任命奕䜣为议政王兼军机大臣。次日又连发两谕，补授奕䜣为总管内务府大臣和宗人府宗令。这四道谕旨，使得奕䜣高高凌驾于其他诸臣之上，成为两宫太后和小皇帝之下的第一人。其他在此次政变中的有功之人也都得到了不同程度的封官和奖赏。

十月六日，慈禧对八大臣做了处分决定：载垣、端华自尽；肃顺斩立决；其余五人革职，另外还处分了与肃顺关系密切的吏部尚书陈孚恩等六名官员和五名太监。除此之外并没有大搞株连。两宫太后还下令将从肃顺等人家中抄得的书信和账簿等"公开焚毁，毋庸呈览"。不管用意为何，这一举为两宫太后赢得了"恩泽惠下"的名声，也使王公大臣等对太后的垂帘听政心服口服。

咸丰十一年（1861 年），年仅 27 岁的慈禧在恭亲王奕䜣的配合下，只用了一个多月的时间，就完成了政变从计划到实施的全过程。用时之短，行动之周密，处理之精当无不令人叹服。这次政变，也使慈禧赢取了最高皇权，成就了她人生中的第一次垂帘听政。

　　咸丰帝在弥留之际精心设计的"听政辅政兼而有之"的政治格局中，只将两宫太后作为防止八大臣权力膨胀的一个制约，并不能够真正地驾驭权力。慈禧通过政变，扳倒了八大臣之后，她将以怎样的方式使自己最快地掌控住最高权力呢？在慈禧与恭亲王酝酿政变之初，山东御史董元醇在奏疏中提出的两宫太后听政、亲王辅政的计划可谓一举两得，这样既能确保慈禧紧握皇权，又给予奕䜣以重要地位，当务之急当然就是实施自己的听政计划。但是在封建社会，男女授受不亲，后妃是不允许直面王公大臣的，慈禧要以皇太后的身份临朝听政，就不可避免地要与群臣见面，怎样做才能既不违制，又能正常处理朝政呢？慈禧想到了古代曾经有过的太后垂帘，决定依此效办。为了给自己的垂帘听政制造声势，在奕䜣的策划下，统带重兵的胜保和大学士贾桢等各上一折，请求两宫太后亲自执掌朝政，这一武将一文臣的一唱一和，使慈禧很是高兴，她立即谕令大臣们会议商定垂帘听政的具体步骤，并将结果据实速报。大臣们一议再议，一改再改，半个月的反复磋商后，一份史无前例的垂帘章程终于出炉了。章程共十一条，慈禧很满意，立发懿旨："依议行。"

　　在这之前的十月初九日，小皇帝在太和殿举行了登基大典，年号由"祺祥"改为"同治"。"祺祥"是八大臣在咸丰帝死后确定的新帝年号，政变结束后，大学士周祖培以"祺祥"字意重复为由，建议改为"同治"，隐含着两宫太后共治之意，两宫太后对此都表示赞同。

　　十一月初一，两宫太后在养心殿举行了垂帘仪式。养心殿从雍正帝开始就成为皇帝处理日常政务、批阅奏章、召见引见大臣的处所。这一日，养心殿从里到外布置一新，大殿正中高挂着雍正帝御书的"中正仁和"匾额，小皇帝载淳坐在谕案后的宝座上，身后是八扇精致的黄色纱屏，纱屏后设谕案，透过纱屏依稀可见左边坐着神态安详的慈安太后，右边坐着志得意满的慈禧太后。养心殿外，王公大臣们身着朝服，态度庄重，举止恭谨。议政王奕䜣带领内廷诸臣与王公大

臣、六部、九卿在殿前向皇帝和两宫太后行礼。然后奕䜣走进殿内立在皇帝谕案旁，王公大臣的奏章都交由奕䜣捧至谕案上，小皇帝示意，再交由帘内的首领太监，捧至两宫太后的案前。这就是清朝历史上第一次正式的皇太后垂帘听政。自此，中国便开始了慈禧近五十年的统治。

掌权伊始，慈禧是颇想有一番作为的，她采取了一系列整顿吏治的措施，主要包括三点：一是重用汉人。咸丰帝虽然采纳过肃顺提出的重用汉人的政策，但一直有所顾虑，并不给汉人太大的实权。慈禧则大刀阔斧，积极任用了曾国藩等一批汉臣，《清鉴》中说："听政之初，军事方亟，两宫仍师用肃顺等专人汉人策。内则以文祥、倭仁、沈桂芬等为相，外则以曾国藩、左宗棠、李鸿章等为将。自军政吏治，黜陟奖赏，无不咨询。故卒能削平大乱，开一代中兴之局。"可见慈禧的这一政策对挽救摇摇欲坠的封建地主阶级统治起了关键性的作用。二是广开言路。慈禧再三以同治帝的名义颁旨求言，鼓励直陈，在她的影响之下，大臣们纷纷上书言事，朝廷上下形成了积极进谏的良好风气。三是支持洋务运动。在太平天国运动的冲击和西方列强的打压之下，以奕䜣、曾国藩、李鸿章为首的一批官员认识到要自强就必须学习西方先进的科学技术，于是他们掀起了提倡西学，兴办企业的运动。这引起了很多保守派官员的强烈反对，但在慈禧的大力支持下，一系列洋务举措陆续实施，为古老的中国带来了新鲜的气息。

同治三年（1864年）六月二十日，曾国藩领导的湘军攻占了太平天国的首都天京，成功地镇压了农民起义。一时间，京城内外，朝野上下一片欢腾。慈禧十分高兴，大奖功臣：奕䜣以议政王主持朝廷军政大事居首功，赏加三级军功。曾国藩着加太子太保衔，赐封一等侯爵，世袭罔替。其他功臣也均有奖赏。一时间，人们把更多的注意力集中在了奕䜣身上，颂扬他是"豁达大度""定乱绥邦"的"贤王"，甚至还有"只知有恭亲王，不知有大清朝"的说法。奕䜣自己也不自觉地增添了几分骄矜之气，仗着自己功高盖世，认为两宫太后没有

中国古代著名皇后

他是不行的，举止行为不免有些傲慢。慈禧哪能容忍自己的光彩被他人掩盖？看着如今的奕訢，慈禧觉得自己不能再放任不管，而必须有所行动了。恰逢这时日讲起居注官、编修蔡寿祺上疏弹劾奕訢有贪墨、骄盈、揽权、徇私之弊，在列举了一系列罪状后，蔡寿祺还建议慈禧罢免奕訢，剥夺他的一切权力。那么蔡寿祺为何有此胆量敢弹劾权倾一时的恭亲王呢？原来蔡寿祺是一个很会投机取巧、到处钻营的人，他通过内廷太监安德海察觉到了慈禧对奕訢的不满，所以连上两份奏折，想扳倒恭亲王，借机沽名钓誉，从中渔利。慈禧看了蔡寿祺的奏折后，正中下怀，并以此为契机，开始打压奕訢。她召见了大学士周祖培等人，让他们拟议处置奕訢的方法。周祖培等人猜测慈禧只是想适当地裁减奕訢的一些权力而已，便拟了一份措辞模糊，并没有什么实质性处置方法的奏折，三日后呈递了上去。不料慈禧根本没看他们的奏折，而是拿出了一份她自己亲笔写的谕旨给他们看，这使他们认识到了此次问题的严重性。慈禧虽然粗通文墨，但她的汉语水平还不足以达到草拟诏书的程度，所以这份谕旨虽文字尚属通顺，错别字却很多，而且整份谕旨文字尖刻激烈，除了保留奕訢皇子的身份外，所有的职务一律革除，慈禧的用心可谓昭然若揭。这份朱谕经周祖培稍加润色、点染之后，交由内阁明发下来。不想，诏书发布后，"朝野惊骇"，一时不论宗室亲贵，还是部院大臣、外省督抚，都对慈禧仅凭蔡寿祺一道捕风捉影、并无实据的奏折就对奕訢定下罪状表示反对，尤其是道光帝的第五子惇亲王上书为奕訢辩白。惇亲王作为"奕"字辈最年长的亲王，性格直率，敢作敢为，他的出面使慈禧不得不有所顾虑。经审讯之后蔡寿祺也承认自己弹劾奕訢那些罪状均属风闻，是莫须有的罪名。面对沉重的舆论压力，慈禧被迫作出了妥协。她以同治帝的名义发下谕旨，说由于恭亲王奕訢伏地痛哭，经面加训诫之后决心改过，所以"仍在军机大臣上行走"，但免去了议政王的头衔。通过这次风波，慈禧"谴责之，以示威，开复之，以示恩"（蔡东藩语）。大大削减了恭亲王的权力，从而把至高无上的权力牢牢地掌握在了自己手中。

铁腕太后——慈禧

三、归政同治　同治之死

同治十一年（1872 年），同治帝 17 岁。无论慈禧怎么贪恋手中的权力，也都不得不撤掉垂帘，归政同治帝了。但在归政之前，须先为同治帝物色皇后完成大婚。在挑选皇后的问题上，慈禧与慈安产生了分歧。慈禧看上了刑部江西司员外凤秀的女儿富察氏，这个 14 岁的小姑娘容貌出众，姿性敏慧，慈禧"欲立之"。慈安则看上了翰林院侍讲崇绮的女儿阿鲁特氏，她淑静端慧，美而有德，文化水平很高，重要的是同治帝也很喜欢她。经过一番相持，同治帝还是选择了崇绮的女儿阿鲁特氏为皇后，凤秀的女儿富察氏被封为慧妃，此外还封知府崇龄之女赫舍里氏为瑜嫔，前任都统赛尚阿的女儿阿鲁特氏为珣嫔。九月十五日同治帝与阿鲁特氏举行了大婚庆典。婚后同治帝与皇后恩爱有加，但慈禧却很不喜欢这个皇后，除了因之前同治帝没有立她看中的富察氏为皇后之外，还因为这个皇后性格耿率，不善于阿谀逢迎，自幼养成的高贵品性使她即使在慈禧面前也依然如故，所以慈禧对她甚是不满。皇后见慈禧时，慈禧从不给她好脸色，还以妨碍政务为由不准同治帝与皇后多亲近，她的干预使同治帝的婚后生活很不如意。

大婚后的下一步就是同治帝亲政了。同治十二年正月二十六日（1873 年 2 月 23 日），18 岁的同治帝在太和殿举行了亲政大典。大清王朝的第十代皇帝从此开始亲政的岁月，与此同时，慈禧也不得不收起象征着她听政权力的黄色纱幔，悄然回归幕后。

大婚、亲政之后，同治帝着手操办的第一件大事就是重修圆明园。同治十二年九月二十八日（1873 年 11 月 19 日），同治帝发布谕旨，决定重修圆明园，这犹如一枚重磅炸弹，在朝野上下引起重大轰动。圆明园最初是康熙帝赐给四子胤禛（雍正帝）的一片明代故园，经雍正、康熙、嘉庆、道光四朝的建设修成了面积总计五千三百多亩的巨大皇家园林，当时

欧洲有关文献盛赞它是"万园之园""人间天堂"，可以说是清王朝仅次于紫禁城的政治中心。被英法联军焚毁之后，同治七年（1868 年），满族御史德泰曾奏请修复圆明园，但是被慈禧否决了，她知道以内忧外患之下的大清财政根本承担不了如此巨资，那么同治帝为何一亲政就要动工如此庞大的工程呢？究其原因主要有两点：一是报答母恩，以尽孝道；二是摆脱慈禧，独揽皇权。慈禧在同治政事、私生活上处处指手画脚，使性格叛逆的同治帝十分厌烦，他渴望摆脱母亲的势力范围，希望重修圆明园后把母亲送出紫禁城，自己独掌大权。另外，重修圆明园也是得到了慈禧的允肯与支持的，叱咤风云、独断朝纲十余年的慈禧已经习惯了权力带来的绚烂奢华，归政之后的平淡与寂寞生活对她来说无疑是一种煎熬，她希望能够用奢华的生活来排遣她退居幕后的空虚与落寞。有了她的支持，同治帝才底气十足地大兴土木。然而，谕旨一下，群臣哗然，十月初一日，御史沈淮上疏，请缓修圆明园，同治帝大怒，立即召见，严厉斥责了他。之后御史游百川又上疏谏阻，同治帝越发恼怒，十月十四日，朱谕革除了游百川的职务，并告诫群臣，不准再奏。

同治十三年一月十九日（1874 年 3 月 7 日），圆明园重修工程正式开始。同治帝一再催促工程的进度。三月十二日，同治帝亲自视察工程，盘桓整日，不以为倦。当月下旬又传旨，再次视察圆明园。看到同治帝几乎把所有的精力都用到了修复圆明园上，大臣们觉得不能再沉默下去了。三月十四日，醇亲王奕譞和御前大臣景寿等联名上疏，但同治帝对此根本不加理睬，依然我行我素。六月初七日，翰林院侍读学士李文田上奏请停圆明园工程，同治帝依然没有理会。恭亲王奕䜣感到事态严重，如果继续发展下去，不仅会导致同治帝荒于政事愈加严重，而且王朝的未来也会掉进圆明园工程这个无底洞里，于是奕䜣决定出面干预。

同治十三年七月十六日（1874 年 8 月 27 日），恭亲王奕䜣与醇亲王奕譞等上《敬陈先列请皇上及时定志用济艰危折》要求"将园工即行停止"。上奏后，奕䜣怕这个不成才的小皇帝对奏折根本不拆阅或留中不发，便请求皇帝召见以便面陈。同治帝不见，奕䜣等再三请见，同治帝不得不在接到奏折后第三天召见，奕诉请求停修圆明园，并一一指陈同治亲政后的疏失，奕谖、文祥也偕同力谏。同治帝听罢大怒，并表示"园工一事，未能遽止"。为出心中恶气，同治帝于七月三十日降下谕旨，削去恭亲王世袭罔替的亲王爵位。意犹未尽的同治帝于八月初一再降谕旨，革除包括恭亲王奕诉、醇亲王奕谖、御前大臣景寿、军机大臣文祥、李鸿藻在内的十几位朝廷重臣的职位，并准备当众宣布此谕。慈禧一直关注着事态的发展，看到同治帝一意孤行要革除十几位大臣的职，这样势必会打破正常的朝政秩序，她觉得自己不能再坐视不管了，于是赶在同治帝将谕旨明发之前，出面干预。见母后动怒，同治帝不得不恢复所罢各官职务，并发下上谕停修圆明园，一场闹剧就此收场。然而圆明园停工不久，同治帝就病倒了。

同治十三年十月二十一日（1874 年 11 月 28 日），同治帝驾车西苑时受凉，身体有些不适。十天后，同治帝病情突然加重，开始发烧，四肢无力，浑身酸痛，皮肤上出现没有凸起的疹形红点。慈禧听了御医的报告后心急如焚，她担心同治帝感染了天花。天花，中医学称为"痘疮"，民间也叫"出疹"或"出痘"，是一种因病毒引起的接触性传染病，病重者会因浓毒而引起败血症，在数日内死亡，尤其是在当时，并没有医治天花的有效办法和药物，所以感染了天花的人大部分都等于被判了死刑。之后几日，同治帝又明显地表现出出疹症状："疹形透出，挟杂瘟痘""颗粒透出"，由此御医判断，同治帝的确感染了天花。慈禧不敢怠慢，一面吩咐御医全力诊治，一面祈求祖先神灵保佑儿子能闯过这一关。十一月的前十天，同治帝的病情稍有好转，但此后便更趋于恶化。同治十三年十二月初五日（1875 年 1 月 12 日）傍晚，偌大的紫禁城笼罩在一片愁云惨雾之中，同治帝经过了三十六天的病痛折磨，带着满身疮痍和母亲悲痛的泪水，匆匆离开了这个世界。人们在为同治帝的丧事奔忙的同时，也都在思忖着同一件事情：同治帝无子，谁将是下一任的新皇帝呢？慈禧又将如何规划未来的政局呢？

四、二次垂帘　慈安之死

不满 20 岁的同治帝突然驾崩，使得刚刚退居幕后的慈禧又走到政治舞台的中心。十二月初五日酉时，同治帝死于养心殿的东暖阁，戌时，慈禧和慈安在养心殿西暖阁紧急召见了亲王、贝勒、御前大臣、军机大臣等二十多人，共同商定皇帝的继承人。

经过一番商议，两宫太后宣布懿旨："醇亲王奕　之子着承继文宗显皇帝（咸丰帝）为之，入承大统，为嗣皇帝"。同时又宣布了大行皇帝的遗诏。之后颁布懿旨："皇帝龙驭上宾，未有储贰，不得已为醇亲王奕谭之子载湉，承继大行皇帝为嗣，特谕。"皇帝死后，没有下葬前，称为大行皇帝或大行。这就是说因为同治帝没有皇子，只好把载湉过继给咸丰帝为子，作为嗣皇帝继承咸丰帝的皇位。等将来载湉有了皇子，再继承同治帝的皇位。慈禧为什么选择立载湉为咸丰帝的嗣皇帝呢？主要有三点原因：一是因为载湉的父亲是咸丰帝的弟弟，而母亲又是慈禧的妹妹，从血缘亲情上看，在诸多人选中无人能比。二是奕谭比奕䜣容易控制。第三点也是最重要的一点是载湉以咸丰帝儿子的名义继承大统，而他所继承的只是皇位，慈禧依然可以凭借皇太后的名义把持皇权。只有 4 岁的载湉离亲政还需十多年的时间，慈禧依旧可以垂帘听政，况且载湉年幼，更易于慈禧的管教和驾驭。所以慈禧选择了载湉。当夜，4 岁的载湉便被请进了清宫，继承了皇位，改元光绪，寓意为"缵道光之绪也"，也就是继承道光传下来的皇位。光绪元年（1875 年）一月二十日，光绪帝举行了登基大典。就这样，载湉成为大清的第十代第十一位皇帝，因为载湉虽然在同治之后继承的皇位，但他是以载淳弟弟的身份继承了咸丰帝的皇位，因此第十代就有了同治帝与光绪帝两位皇帝。至此，慈禧精心设计一手操办的第二次垂帘听政正式拉开了大幕。

光绪帝即位后，两宫太后懿旨，封阿鲁特氏为

嘉顺皇后。然而光绪元年二月二十日（1875 年 3 月 27 日），嘉顺皇后却突然死去，年仅 19 岁。关于她的死，当时便有传闻，有的说是吞金，有的说是绝食，可是阿鲁特氏为什么突然自杀了呢？慈禧不喜欢这个皇后为一方面，另一方面是未来的皇权之争，这也是问题的实质。因为光绪帝即位后，两宫以太后的身份垂帘，使得阿鲁特氏处在了一个十分难堪的地位。她本应是太后，但又做不了太后，做皇后呢，光绪亲政后必然要立个皇后，因此可以说把她逼上了绝路。阿鲁特氏的父亲崇绮曾入宫探视，面对这种局面不知怎么办才好，便上奏慈禧请求明示，慈禧明确地说："皇后如此悲痛，即可随大行皇帝去罢。"崇绮无奈，只好在女儿请命时批了个"死"字，由此年轻贤淑的嘉顺皇后也紧随同治帝而去了。

慈禧将年仅 4 岁的载湉扶上了皇帝的宝座，实在是一石数鸟，这不仅可以保证自己稳操皇权，而且又再一次证明了自己的权威。然而慈禧知道光绪帝终究会有长大的一天，自己终将有一天将皇权交还于他，只有将光绪塑造成一个唯命是从的"儿皇帝"，才能使自己长长久久地掌握权力。为此，她不顾骨肉之情，强行切断了光绪与亲生母亲的一切联系，把以前在光绪身边照顾他的人也都换成了一批能顺从慈禧旨意行事的太监，这样她就能严密地监视光绪的动向了。此外，慈禧还用威严教育的方式强化她在光绪帝幼小心灵中的权威形象，可以说光绪帝在成长过程中根本体会不到天子所拥有的独断乾坤的尊严和君临天下的霸气，他的童年生活就只有皇宫中周而复始的繁琐礼节和慈禧无所不在的严词训诫。加上太监们对光绪日常饮食的不负责任，光绪帝从小就精神抑郁，身体羸弱，这也直接影响着他以后的精神状态及身体状况。光绪二年，按照清朝祖制，虚岁 6 岁的光绪要上学读书了。慈禧选择了曾教过同治帝的翁同龢作为光绪的师傅。翁同龢国学功底深厚，才华横溢，授读时也是尽心尽力，除了学习上对光绪耐心细致，不厌其烦地引导外，在生活上对他也是无微不至地照顾和体贴，常常为光绪帝排解心中的烦恼。在师傅的精心教导之下，光绪帝喜欢上了读书，在书房里看书学习成为他在寂寞的深宫中寻求精神慰藉的最好方式。对于光绪帝表现出来的聪明好学和感悟力强等特点，慈禧也是大感欣慰。

　　光绪七年三月初十日（1881 年 4 月 8 日），年仅 44 岁的慈安太后突然去世，慈安太后死得突兀，人们没有任何准备。对于她的死，出现了种种不同的说法，归纳起来主要有两种——被人害死说和正常死亡说。被人害死说的凶手，指的就是慈禧。《崇陵传信录》载：咸丰帝临终前曾秘密留下一份遗诏给慈安，让她监督慈禧，若慈禧"安分守己则已，否则汝可出此诏，命廷臣传遗命除之"。但老实的慈安却在不经意间将这件事告诉了慈禧，并为了表示对慈禧的信任，当着慈禧的面将遗诏烧毁了。慈禧表面上对慈安感激涕零，内心却对慈安极为不满，于是借向慈安进献点心之际，暗下毒药，把慈安杀害了。这类描述虽然很生动，但多见于野史笔记，可信性稍差。著名学者金梁对此说提出的质疑可谓一针见血："近人依托宫闱，流言无实，尤莫甚于恽氏笔录所载孝贞暴崩事。即云显庙受敕焚毁，敕语何以而知？食盒外进，又谁确见？恽氏曾事东朝，横遭影响无稽之言，后之览者，宜深辟之。"其实，稍加深入地分析一下，便可知慈禧根本没有必要害死慈安，因为慈安忠厚仁慈，基本上不过问政事，一味地退让，对政事既不太懂，也不感兴趣，所以对慈禧并不构成任何威胁。另外在为同治帝选后的问题上，虽然慈安与慈禧有分歧，与同治帝一起坚持选了慈禧并不看好的阿鲁特氏为皇后，但是这个皇后已经在同治帝死之后，也殉死于储秀宫，慈禧心中的不悦也应已舒解开，一切得心应手的慈禧已没有理由依然为此怀恨慈安，动起杀心了。另一方面，从慈禧对慈安后事的安排中，也可以澄清慈禧的嫌疑。《翁同龢日记》对此有详尽的记载：慈安死于十日晚八时，半夜（子时）翁同龢就接到了入宫的通知。"子初，忽闻呼门，苏拉李明柱、王定祥送信，闻云东圣上宾，急起检点衣服，查阅旧案，仓促中悲与惊并。"进宫后，各路大臣陆续到来，可以说在慈安的后事时间安排上，慈禧没有片刻的犹疑与拖延。天明之后，等候的大臣们接到旨意，进入慈安寝殿钟粹宫，慈禧命太监揭去"面幂"，"令瞻仰"。慈禧在此并没有遮遮掩掩，而是大大方方地命所有王公大臣瞻仰遗容，这既可以看出慈禧的远见卓识，也说明了慈禧心中无鬼。最后，慈禧还为慈安准备了一个很大的金

铁腕太后——慈禧

匮，"甚大，时灵驭已移至宫，安泰于金匮之西"。这证明慈禧是把慈安放在皇太后的位置上处理后事的，没有丝毫的怠慢，未正二刻（14时45分）大殓。皇太后死，第二天装入棺材，是完全合乎清代礼制的。《翁同龢日记》的其他记载也说明了慈禧对慈安的丧礼是极为重视的。而且翁同龢也亲见慈禧戴孝，"恭闻慈禧以白绢蒙首，簪以白金，缘情制礼，不胜钦服"。所以说慈禧害死慈安的说法基本不可信。那么是否有足够的证据来证明慈安是正常死亡的呢？

《翁同龢日记》中有关于慈安患病到死亡的重要记载。当时翁同龢不仅担当光绪帝的老师，而且也是礼部尚书。礼部主管皇室的婚丧大典，翁同龢负责办理慈安的丧仪，对于慈安的死因就有了比较深入和翔实的了解与记载，可以说可信性较强。

同治二年二月初九日（1863年4月6日）："慈安皇太后自正月十五日起圣躬违豫，有类肝厥，不能言语，至是始大安。"这次慈安共病了二十四天，病势较严重。

同治八年十二月初四日（1870年1月5日）："昨日慈安太后旧疾作厥逆半时许。传医进枳实、菜菔子。"与上次相隔六年后，病情再次发作。

光绪七年三月十日（1881年4月8日）："东宫后感寒停饮，偶尔违和，未见军机。"晚间即暴身亡。这一日慈安的临床表现和所下的药方是："晨方：天麻、胆星；（脉）按云类风病甚重。午刻一（脉）按无药，云神识不清、牙紧。未刻两方虽可灌，究不妥云云，则已有遗尿情形，痰壅气闭如旧。酉刻，一方云六脉将脱，药不能下。戌刻（晚八时前后）仙逝。"据专家对这三次发病的综合分析，认为慈安患的是脑血管疾病，很可能是脑出血。况且之前由于慈禧生病，慈安一人独理朝政，她的知识容量、决策水平和应对能力都远远不及慈禧。巨大的压力使她身心俱疲，在她发病的前一天，《述庵秘录》中载她"两颊微赤"，虽然无明显感觉，但从这一面色判断，慈安此时已是"肝阳上亢"，可能血压过高直接诱发了脑出血。脑出血即使在现在也是不治之症，何况在一百多年前呢？由此我们可以得出一个极为接近事实的结论：慈安是死于脑血管疾病，而并非为野史中所描述的被慈禧所害。慈安死后，两宫垂帘变成

了一宫垂帘。此时光绪帝还未成人，慈禧大权独揽，虽然慈安生前极少参与政治，但她的存在本身对慈禧的权力仍有不容忽视的威慑力，有慈安在，慈禧还是不敢太明目张胆、恣意妄为。现在，慈安一死，权力尽归西宫，慈禧终于可以为所欲为了。1884 年，慈禧发动了"甲申朝变"，以中国在中法战争中失利为借口，罢免了以奕䜣为首的军机处全班人马，随即又安排了包括光绪的生父奕譞在内的完全听命于自己的人在这个中枢机构中。这次军机处大换血使慈禧顺利地解除了奕䜣的"威胁"，这也是慈禧一直以来心中最大的隐忧，嫂叔之间二十余年的合作与政争也宣告结束。慈禧成了名至实归的太皇太后。

五、曲折亲政　六旬寿诞

光绪十二年（1886 年），光绪帝 16 岁。屡经蹉跎的他，除了口吃这一先天不足之外，无论哪一方面都远远超过了当年的同治帝。他不仅性情宽厚，沉毅敬穆，而且学已有成，在"批阅奏章，论断古今，剖决是非"等方面也显现了非凡的能力。顾及到清朝祖制及臣民心态，慈禧不得不考虑归政问题了。光绪十二年六月十日（1886 年 7 月 11 日），慈禧与光绪帝召见醇亲王奕譞等人，并发布懿旨，确立皇帝明年亲政。视权力为生命的慈禧当然不会就此心甘情愿地归政于光绪，只是严峻的客观形势迫使她不得不摆出一副归政的姿态来。但是她深信她的那些亲信枢臣们一定会了解她的良苦用心，她有控制局面发展的把握。果不其然，懿旨发布的第三天，请求皇太后收回成命的折子如雪花般呈到了慈禧的手里。主旨只有一个，就是希望皇太后继续掌权。其中以醇亲王奕譞的奏折最为夸张，"王大臣审时度势，合词吁恳皇太后训政。敬请体念时艰，俯允所请，俾皇帝有所禀承。日就月将，见闻密迩，俟及二旬，再议亲理庶务……臣愚以为归政以后，必须永照现在规制，一切事件，先请懿旨，再于皇帝奏闻"（《光绪朝东华录》）。按照醇亲王的主张，皇帝现在亲政仍不合适，即使亲政也要等到 20 岁，亲政后皇帝也必须按照现在的规制，每日请示，再做决断。这样的虚伪逢迎当然不是他的心里话，慈禧归政，做父亲的当然希望自己的儿子亲政。可是奕譞更加清楚的是，十二年前，慈禧选择了自己的儿子继承皇位，很大一部分原因正是因为自己对慈禧的忠心与言听计从。现在慈禧要归政，自己当然要首先表态，以解除掉慈禧可能会对自己抱有的疑惑。通过这份奏折，他向慈禧明确传达了这样一个信息：我绝不会以皇帝的生父自居，也永远不会有任何非分的妄想。对于这样的奏折，慈禧自然是十分满意，于是一向独断专行的慈禧此时却从谏如流，痛快地接受了奕譞等人的建议，正式发布了懿旨："皇帝初亲大政，决疑定策，实不能不遇事提撕，期臻周妥。既据该王大臣等再三厉恳，何

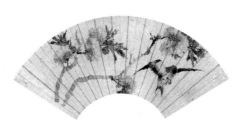

敢固守一己守经之义，致违天下众论之公也。勉允所请，于皇帝亲政后再行训政数年。"（《光绪朝东华录》）就这样，慈禧以臣下数次恳请为由，将训政的提议确定下来。显而易见，从垂帘到训政，除了名称的改变，慈禧一手操控皇权的实质不但没有任何改变，反而更加名正言顺了。

光绪十三年正月十五日（1887年2月7日），慈禧为光绪帝举行了亲政大典。上午九时，17岁的光绪帝头戴金冠，身着大黄龙袍，气宇轩昂地在太和殿接受了百官的朝贺，并颁诏天下。

光绪十四年（1888年），慈禧开始为光绪筹备婚事。经过反复筛选，她为光绪选中了一后二妃，"兹选得副都统桂祥之女叶赫那拉氏，端庄贤淑，着立为皇后。特谕"，"原任侍郎长叙之十五岁女他他拉氏，着封为瑾妃；原任侍郎长叙之十三岁女他他拉氏，着封为珍嫔"（《光绪朝东华录》）。从以上两道谕旨我们可以看出这样一个问题，就是懿旨中只有长叙两个女儿的年龄，而没有标示皇后叶赫那拉氏的年龄。稍加考证就可知道这是慈禧有意而为之的。这位皇后生于同治七年正月初十日（1868年2月3日），参加光绪选秀时已经22岁，按照清朝选秀的惯例，秀女的年龄应介于13岁到17岁之间，这位皇后可谓严重超龄了。另外这位皇后相貌平平，与眉清目秀、举止雍容的光绪帝实在是不相配。那么慈禧是出于何种目的立她为后呢？原来这位叶赫那拉氏是慈禧的侄女，慈禧强行把自己的侄女嫁给光绪帝不仅是在皇族中加强叶赫那拉氏的血缘，更可以把侄女当做自己的心腹安排在光绪身边，时刻监察皇帝的行为，这样一举两得的事情，慈禧当然要大力促成。于是，在光绪极不情愿的情况下，慈禧为光绪选定了皇后，并于光绪十五年正月二十七日（1889年2月26日）举行了大婚庆典。对于这位慈禧钦点的皇后，光绪并不喜欢，但对于活泼可爱的珍妃，他是很欣赏的。按清朝祖制，大婚后即应亲政。二月初三日，光绪帝举行了亲政大典，这标志着慈禧的训政，也就是第二次垂帘听政正式宣告结束了。

光绪亲政后，慈禧搬到了颐和园居住。表面上看似已经不再插手政事，事实上由于众多党羽的存在，她仍然在隐控朝政。于是在朝廷上下便形成了两个政权中心，以慈禧为首的后党和以光绪为首的帝党。

光绪二十年十月初十日是慈禧的六十大寿，六十年为一甲子，中国人历来对六十大寿很重视，慈禧也不例外。为了讨慈禧欢心，早在光绪十八年十二月初二日，光绪帝就已发下谕旨："甲午年，新逢（慈禧太后）花甲昌期，筹宇宏开，朕当率天下臣民，胪欢祝嘏。"并安排礼亲王世铎、庆亲王奕劻等"总办万寿庆典"。光绪十九年（1893年）春，光绪帝又下令成立了庆典处，专司办理庆典事宜，关于庆典的各项准备事宜紧锣密鼓地开展起来。为了显示"圣寿"的隆重奢华，慈禧还下令设计《万寿点景画稿》，计划从西华门到颐和园的数十里路上用彩绸搭建六十多处彩棚、戏台、牌楼、经坛和各种楼阁等点景工程。现存于故宫的慈禧六十万寿六十段点景画稿真实地再现了慈禧大搞庆寿活动的情景。

十二月二十七日，光绪帝发布上谕，申明依据皇太后懿旨，将光绪二十年十月初三日至十七日这半个月定为庆典日期。提前十个月就安排了庆典日程，足可见考虑之周到。光绪二十年，刚进正月，光绪帝就连发谕旨，筹备庆典。其中仅初三、初四、初五这三天就连发八道谕旨，初三这一日连发五道谕旨，这五道谕旨都是光绪帝转发的慈禧太后的懿旨。一个国家的最高统治者把寿诞庆典作为压倒一切的大事来抓，足以说明这个国家的腐败已经到了无可救药的程度。

关于自己的六十大寿，慈禧还有一个心愿，就是希望这一年不出什么事端。因为她 40 岁生日时，日军侵占，不久同治又死于天花。50 岁生日时，中法战争又搅得她昼夜不宁。她企望着 60 岁生日能够平平安安、欢欢喜喜地大庆一番。可是天不遂人愿，日本的情报部门分析了中国当时的情形之后，深知此时发动侵华战争是一个千载难逢的机会，"知今年慈圣庆典，华（中国）必忍让"。六月二十三日，日军不宣而战，悍然发动了甲午战争，毫无准备的清军被迫匆忙应战。八月十五日，日军向平壤发起了疯狂的进攻。这一天，光绪帝先到太和殿阅视表文，之后又到慈宁宫向慈禧恭进册室。在原先的"端佑康颐昭豫庄诚寿恭钦献"的徽号之上又新加了"崇熙"二字。大礼之后正式颁诏天下。

八月十七日，日军占领平壤，清军溃不敌军，仓皇渡鸭绿江退入中国境内，朝鲜全境沦陷。第二天，日本海军在鸭绿江口的大东沟海面挑起了黄海大战，北洋海军顽强抵抗，统帅丁汝昌负伤，"致远号"等四艘战舰被击沉，几百名北洋海军壮烈殉国。直到此时，慈禧才感到事态的严重，这时大臣们也纷纷谏言，矛头直指庆典工程，令慈禧颇感压力。于是在坚持庆典继续进行的同时，慈禧表面上对庆典的规模做了一些限制。她于八月二十二日到二十九日连发懿旨："现当用兵之际，必应宽备饷需，除饬户部随时指拨外，着由宫中节省项下发去内帑银三百万两，交由户部陆续拨用，以收士饱马腾之效。""兹者庆辰将届，予亦何侈耳之观，受台莱之祝也？所有庆辰典礼，着仍在宫中举行。其颐和园受贺事宜，即行停办。""一切点景俱暂停办。工程已立架油饰的不再添彩绸。"面对慈禧的巨大让步，群臣均"额手称道"，但时隔不久，慈禧为敷衍舆论才采取上述政策的目的就暴露无遗了。

九月二十一日，光绪帝口传谕旨："所有应进皇太后六旬万寿贡物之王大臣以及外省各大臣等，均着于本月二十五日呈进，其蒙古王公等于二十六日呈进，俱入福华门。钦此。"对于慈禧的授意，光绪帝不敢违抗，但在中日战争的紧要关头，他感到明发上谕让群臣进贡不妥，只好改为口传谕旨。谕旨下后"群议纷纷"。翁同龢与李鸿藻两位耿介之士更是直率地说："至敬无文。"意思为真正的尊敬不需要什么虚假的文饰，送礼纯属多余。大臣们都觉得他们说得有道理，但慑于慈禧的威力，也都不得不进呈贡品。

九月二十四日，光绪帝再发谕旨，公布了六旬大寿庆典的日程表，要各部门认真准备。二十五日，日本侵略军强行攻过鸭绿江，熊熊战火已燃到中国境内。正是这一日，王大臣以及外省各大臣开始呈进万寿贡物，这也正式拉开了慈禧六旬寿典的序幕。九月二十六日，光绪帝发布上谕，给所有呈进贡物的王大臣们赐赏表示答谢。第二天，日本第一军侵占了九连城，第二军在花园口登陆，前线战事已十分危急。

九月二十八日，光绪帝召见了恭亲王奕訢和礼亲王世铎，奕訢上奏了前线情形，世铎"则犹商量庆典"，这位当朝的首席军机大臣置前线于不顾，心中只有慈禧和庆典，令翁同龢"腹枵气沮矣"。十月初三日，慈禧召见礼亲王世铎、庆亲王奕劻，"今日所言皆系庆典"，从十月初一日起，内外臣工"穿蟒袍补褂一月"，开始了隆重的祝寿活动。直到十月十七日庆典结束，每日都在搞庆祝活动。十月初九日，日本侵略军攻占金州。此时慈禧六旬庆典的日程安排是在宁寿宫听戏之日。光绪帝不敢明令禁止唱戏，但对大臣们说："听戏之日，诸事延搁，尽可不到也。"十月初十日是慈禧六十大寿的正日。翁同龢记道："同诣皇极门外敬俟，第一层是皇极门，第二层宁寿门王公在宁寿门阶下，皇上于慈宁门门外。巳初（九时许），驾至，步行由西门入，折东阶，皇太后御皇极殿，先宣表，上（光绪帝）捧表入宁寿门，授内侍，退出门，率群臣三跪九叩，退至新盖他达换衣。巳正二刻（十时三十分），入座听戏刻许，遂退。"而此时在大连，因守将赵怀业弃炮台先行逃跑，日军没有浪费一枪一弹就轻松占领了辽南重镇大连。十月十一日，旅顺告警，但庆典依旧安然进行。国土沦丧，重镇失守，民众惨遭屠戮的危殆时刻，最高统治者却在宫中升殿受贺、赏戏宴饮，这是一个怎样无能与腐败的政府！八月十五日，光绪帝在御华殿会见了各国使臣，接受了他们寿诞大典的最后一次祝贺仪式，并进膳，看戏。之后慈禧的六旬庆典才在日军肆虐的战火中徐徐落下帷幕。

据户部奏称，这次六旬万寿庆典各部门承办工程差务等项共需银5416179两，而在整个甲午战争中，户部给前线的两次筹款却只有2500000两，还不到庆典支出的一半。慈禧不顾前线经费的紧缺而大肆举行六旬寿典，激起人民的义愤，后来人们撰写对联来表达对慈禧所作所为的愤慨之情："万寿无疆，普天同庆；三军败绩，割地求和。"还有把贺词"一人有庆，万寿无疆"。改为了"一人庆有，万寿疆无"。

中国古代著名皇后

铁腕太后——慈禧

六、一意求和　戊戌政变

六旬庆典过后，慈禧对于精心策划了近两年的生日庆典没有按规划圆满实现很是不悦，以致庆典刚刚结束，已经归政的她，又恣意妄为开始插手政事。

光绪二十年十月初四日，慈禧召见了枢臣以商议应对当前紧张局势的计策。军机大臣孙毓汶奏陈可以请各国进行调处，翁同龢对此表示反对，但他也没有什么具体的救国良策，不过慈禧却自此倾向议和了。十月初六日，慈禧发布懿旨，补授翁同龢、李鸿藻、刚毅为军机大臣，这样做也是符合光绪的心意的，一直以来光绪最信任的大臣莫过于翁同龢，甚至光绪帝每阅一份奏折都要与翁同龢商量怎样处理才好。十月初九日，日本军队攻陷大连湾。前方连连败退让光绪帝心急如焚，也让慈禧更加坚定了议和的决心。十月二十五日，恭亲王奕䜣和庆亲王奕劻带着一份调处文书请求慈禧召见。这份文书是由美国驻华公使田贝带来的，自称是奉本国命令为中日两国进行调处。文书的大意是中国美国同派田贝调节中日之战，中国答应朝鲜自主，并赔偿款额，便可停战，如果调解不成，则再行开战。光绪帝审看过此文书之后提出自己的疑虑："冬三月倭人畏寒，正我兵可进之时，而云停战，得毋以计误我耶？"由此可见光绪帝是反对中日议和的，并怀疑美国人调处的真正动机，但光绪帝也一样拿不出有针对性的可行之策，只能是保持消极抵抗。

十月二十四日，翁同龢在日记中写道："闻旅顺失守，为之惊悸。邀其他重臣共商计策，大家竟面面相觑，相对无一策，只能默坐长叹。"在他给朋友的信函中可见他当时的心情："愤虑填膺，恨不速死。"旅顺素来号称"东方第一要塞"，清政府"糜巨金数千万，船坞、炮台、军储冠北洋"，如此重要之地竟然轻易落入敌手，战局的危险性可想而知。面对这种局势，慈禧再也无法旁观下去，她决定不顾一切同日本议和。首先要做的当然是要打击帝党力量，为议和扫清障碍。

十月二十九日，慈禧在仪鸾殿召见了众位军机大臣。翁同龢在日记中这样记载道："皇太后召见枢臣于仪鸾殿，先问旅顺事，次及宫闱事。谓：瑾、珍两妃有祈请干预种种劣迹，即降旨缩降为贵人，等因。臣再三请缓办，圣竟不谓然。是日，上（光绪帝）未在座，因问：上知之否？谕云：皇帝意正尔！"随即发布了懿旨，将瑾妃、珍妃降为了贵人。对此光绪帝并不知情，但他隐忍了下来。光绪明白，慈禧处置二妃真正的用意是给自己一个警告，但之后慈禧的一系列行为就令光绪帝有些措手不及了。慈禧逐渐地察觉到光绪帝亲政之后周围已经形成了一股势力，这些人中除了有光绪帝一直很依赖的翁同龢以外，还有志锐、文廷式等台馆诸臣。志锐，字公颖，其父长敬与瑾妃、珍妃之父长叙是兄弟。志锐自幼聪颖，光绪六年中进士，选庶吉士，授编修，后被光绪帝擢为礼部右侍郎。文廷式，江西人，曾做过珍妃入宫前的老师，光绪十六年（1890年）在科举考试中一甲第二名进士（榜眼），任过翰林院编修、侍读学士等职，深受光绪帝器重，他们事事秉承光绪旨意，不畏惧慈禧的势力积极进言，是光绪的得力助手。志锐与文廷式都属主战派，中日开战以后，文廷式曾联合几十人上疏，力主对日作战，并大胆提出应停办慈禧太后的六十寿典，节省开支以作军费，这使得慈禧十分被动。志锐更上奏章弹劾军机大臣孙毓文、徐用仪把持军机，"专愎成性，任意指挥，不顾后患"，"操纵自由，暗藏机关，互相因应"。要求光绪帝将二人立即罢黜，逐出军机处。志锐激烈的言词大大刺激了后党的官僚们，因为都是后党的主将，志锐对孙毓文、徐用仪的做法使得一意主和的慈禧十分反感。十一月初七日，慈禧亲下懿旨将志锐贬斥到边远的乌里雅苏台。十一月初八日，慈禧又命撤销满汉书房。光绪为制造主战的声势，曾面谕内廷行走人员，讽示内外臣工，多上主战条陈，这使得主战的呼声日益高涨，慈禧对此极为恼怒。光绪帝得知慈禧要撤掉满汉书房后十分不满，于是命刚上任军机大臣的恭亲王奕䜣向太后求情，慈禧觉得教训光绪的目的已达到，就只撤掉了满书房，把汉书房保留了下来。慈禧除了制造惩治二妃、贬谪志锐和撤满汉书房事件来警示羽翼逐渐丰满的光绪帝外，还大胆革除了安维峻，锐减了光绪帝的锋芒。安维峻时任御史，他反对议和，认为抵抗到底才能民族自救。旅顺沦陷后，后党加紧同日议和，安维峻义愤填膺决心拼死力阻议和。十二月初二日他上奏指斥李鸿章卖国，责备李莲英干

175

政，揭露慈禧太后牵制，尤其是"皇太后既归政皇上，若仍遇事牵制，将何以上对祖宗，下对天下臣民"这句话，简直是说到光绪帝的心坎里，如此明目张胆地抨击慈禧，这在慈禧掌权的清代官场中是极为罕见的，奏章呈上后赢得了朝臣上下爱国人士的由衷赞叹。但光绪帝在强硬的慈禧面前并不敢公开支持安维峻，只好下令将其革职，这也算得上是光绪帝对安维峻的保护性处置了。

慈禧的这一系列动作，不仅沉重地打击了以光绪帝为核心的帝党力量，也为自己的议和主张铺平了道路。从此以后，慈禧可以放手进行议和谈判了。光绪二十年，由于慈禧一意避战求和，清廷不得不与日本签订了丧权辱国的《马关条约》，恰逢这一年是会考年，当时云集京师的举人义愤填膺，奔走相告，强烈要求清廷拒签条约，继续抗战。康有为等人联名十八省举人共上一书，这就是历史上有名的《公车上书》，这份一万八千字的上书陈词慷慨，气势磅礴，极言救时之方，详陈自强之道，从此维新派在中国掀起了一场有声有色的维新变法运动。

甲午战争的惨败和《马关条约》的屈辱签订，使年轻偏强的光绪帝感到奇耻大辱，康有为等人的上书使光绪帝似乎看到了自强维新的希望，他"日夜忧愤，益明中国致败之故若不变法图强，社稷难资保守，每以维新宗旨商询于枢臣"（《清廷戊戌朝变记》）。后来他又读了康有为著的《日本变政考》和《俄大彼得变政记》，越发感觉维新变法势在必行。可是光绪帝虽然亲政已久，但处处受慈禧牵制，并没有真正的实权，无奈之中，光绪帝对庆亲王奕劻说了这样一句话："太后若仍不给我事权，我愿退让此位，不甘作亡国之君。"

出乎光绪帝意料的是，对于如此大不敬的怨言，慈禧竟然没有大发雷霆，她还在光绪帝给她请安时说："变法乃素志。同治初即纳曾国藩议，派子弟出洋留学，造船制械，凡以图富强也。"慈禧为什么允许光绪帝实行变法呢？原因就是列强的威逼。甲午战争后，清政府陷入了空前的经济危机和政治危机。中国面临被列强瓜分的危险，慈禧自然也有随时失掉显赫皇权的可能。因此在光绪帝主张变法的起始阶段，慈禧并没有公然阻挠。但是慈禧的支持是有条件的，"凡所实行之新政，但不违背祖宗大法，无损满洲权势，即不阻止，儿可自为之"（《清廷戊戌朝变记》）。"不违背祖宗大法"是说祖宗的大法，即封建专制主义制度不能变，封建的皇权不能有任何削弱，"无损满洲权势"是说任何维新变法都要以维护满洲权势的利益为准则，这也是统治的根本。于是光绪帝在获取了慈禧关于变法的基本原则的指示之后，启动了变法。

四月二十三日，光绪帝颁布了《明定国是诏》，宣布变法自强。四月二十五日，光绪帝命已任工部主事的康有为于本月二十八日预备召见，亲自倾听他的变法主张。然而就在变法即将轰轰烈烈展开之时，慈禧却同被她提拔为步军统领的荣禄暗中谋划，逼迫光绪帝于四月二十七日连发了四道谕旨。谕旨一发，满朝骇然。第一道谕旨是罢免翁同龢。慈禧的这个突然决定让光绪帝措手不及，在光绪帝的心里，翁同龢算是他的严师与慈父了，一直以来都是他最信任最依赖的人。慈禧认为自己理应在光绪帝心中有被奉为神明的位置，而翁同龢却在不知不觉中代替了她，她怎能容忍光绪帝在翁同龢的辅佐下日益摆脱自己的控制，所以在变法启动伊始慈禧毅然决然地将光绪帝最得力的助手翁同龢罢免了。而光绪帝奉此谕后，虽"惊魂万里，涕泪千行，竟日不食"，但也已经难挽局势了。第二道谕旨是慈禧对于二品以上大臣有任免权力。第三道谕旨是任免荣禄为直隶总督兼北洋大臣。在变法的关键时刻，慈禧一再提拔自己的亲信为中枢大臣以控制军事实权。第四道谕旨是慈禧将和皇帝一起于本年秋季到天津阅操。"阅操"即"阅兵"，只有真正拥有兵权的人才有资格去检阅军队，慈禧的意图无非是要告知天下她才握有全国军队的指挥权。这四道谕旨使慈禧牢牢地掌握住了谕旨权、用人权和军事权，她弓弦张满，待机而发。接下来要做的就是静观权力所剩无几的光绪帝如何变法了。

四月二十八日，光绪帝在颐和园仁寿殿召见了康有为。君臣之间就八股、办学、铁路、矿物、购舰、练兵、用人方面交换了意见，交谈持续了两个多小时，光绪帝很满意，随即命康有为在总理衙门行走，并授予他直奏权，以后如有奏言不必由大臣代转。这是光绪帝对康有为第一次也是唯一的一次召见。自此，维新运动便大张旗鼓地开展起来了。从四月二十三日光绪帝"诏定国是"开始，到八月初六日慈禧发动政变，共实行变法一百零三天，历史上称为"百日维新"。为什么一开始支持变法的慈禧又突然变卦反

对变法了呢，是什么事情触动了她敏感的神经呢？

变法期间，光绪帝发布的各项措施对社会产生了巨大影响，维新派欢欣鼓舞，守旧派则不是阳奉阴违，避重就轻，就是造谣阻挠，而慈禧对变法却一直保持着默许。然而七月十九、二十日光绪帝发布的两道谕旨却像两枚炸弹，使慈禧由容忍转为了震怒。

七月十九日，光绪帝下旨罢免了礼部尚书怀塔布、许应骙以及侍郎、署侍郎共计六位官员，将礼部主事王照着赏三品顶戴，以四品京堂候补，理由是礼部主事王照的条陈应由该衙门的各堂官代递，但由于王照的条陈多是新政之事，遭到了许应骙的阻隔，光绪帝忍无可忍便罢免了包括许应骙在内的六位守旧派官员。皇帝罢免官员本无可厚非，却违背了慈禧之前颁布的二品以上官员的任免需请求她的懿旨。之后七月二十日光绪帝授杨锐、刘光第、林旭、谭嗣同为四品卿衔，"在军机章京上行走，参预新政事宜"。四章京虽然品级不高，但他们却成了光绪帝在军机处推行变法的得力助手。

对慈禧而言，光绪帝无视她的权威而断然罢免大臣，任用小官，无疑是一次权力示威。但让慈禧决心发动政变的除了这两道谕旨外，更重要的是另外两件事，一件是慈禧获悉光绪帝要在八月初五日接见来北京访问的前日本首相伊藤博文。伊藤博文作为明治天皇的顾问，直接参与和指导了明治维新，颇有变法的经验。他的即将来访使朝廷上下议论纷纷，"守旧者皆惶悚不安"。如果说这件事使慈禧疑虑陡增的话，那么另一件事则被慈禧视为是对她权力基础的动摇。七月二十八日，光绪帝借去颐和园向慈禧请安之际，向慈禧提出了维新党人建议开懋勤殿。懋勤殿是专供皇帝读书的地方，康有为等维新派建议：以开设懋勤殿为名，"选集通国英数十人，并延聘东西各国的政治专家，共议政治制度，将一切应兴应革之事全盘筹算，定一详细规则，然后施行"。这个建议的实质是在光绪帝的用人权受到极大限制的前提下，以议政的名义将康有为等维新派品秩较低的人员聚集到光绪的身边，成为政治核心力量。慈禧听了当即大怒，与光绪帝发生了激烈的争执。这对对权力十分敏感的慈禧来说无疑是要挑战她把持了三十余年的最高权力，她岂能容忍？慈禧决定不再放手不管，开始谋划政变。敏

感的光绪帝意识到了如果变法继续推行，后果将难以预测，为了保护维新党人的安全，他明发和暗送了两道谕旨，令康有为迅速离京。此时的光绪帝对身边的枢臣说了这样一番话："朕不自惜，死生听命，汝等肯激发天良，顾全祖宗基业，保全新政，朕死无憾。"（《清廷戊戌朝变记》）可见当时的光绪帝已经意识到自己的处境十分危险，但他将生死置之度外，仍在力争变法。

八月初六日，慈禧召见诸位王大臣，发动了宫廷政变。王大臣跪于案右，光绪帝跪于案左，同时设竹杖于座前，大殿内充斥着一股杀气。慈禧怒气冲冲地训斥光绪帝："变乱祖法，臣下犯者，汝知何罪？试问汝祖宗重？康有为重？背祖宗而行康法，何昏聩至此！……"光绪帝吓得魂飞云外，不敢应对。当天，慈禧就迫不及待地以光绪帝的名义发下两道谕旨：一是宣布慈禧训政，二是捉拿康党要犯。八月初七和初八日，慈禧又两次审讯光绪帝，极为愤恨的她又当即下旨，捉拿维新党人，并禁皇帝于瀛台。瀛台位于北京南海，本是皇帝避暑和游览的胜地，但自此却成了囚禁光绪帝的牢笼。光绪帝除了每天被拉去早朝做个样子外，便不得自由出入了。慈禧还把光绪帝身边的太监全都撤走，换成了自己的心腹来监视他。慈禧的二次训政，实际上也就是她的第三次垂帘。由于这次宫廷政变发生在戊戌年，因此也叫戊戌政变。

光绪二十四年八月十三日，慈禧下令杀害了杨深秀、杨锐、林旭、谭嗣同、刘光第、康广仁，史称"六君子"。次日，慈禧以光绪帝的名义发布谕旨追捕康有为。慈禧把刚刚兴起于中国大地的维新变法运动扼杀在了摇篮之中，业已推行和将要推行的变法措施几乎全部被终止。维新派噤若寒蝉，守旧派弹冠相庆。

七、废帝风波　宣战洋人

八月初十日（9月25日），光绪帝颁布了寻医的上谕："朕躬自四月以来，屡有不适，调治日久，尚无大效。京外如有精通医理之人，即着内外臣工切实保荐候旨，其现在外省者，即日驰送来京，毋稍延缓。"（《德宗实录》）上谕虽然是以光绪帝的名义颁发，却引起朝野上下极大震动。人们纷纷质疑光绪帝生病的真实性。四月份时光绪帝还在雷厉风行地主持变法，此间未闻有任何不适，何以在慈禧镇压变法的同时突然昭示天下自己患了连御医都医治不好的重病？慈禧是否又在酝酿什么阴谋呢？

光绪二十五年十月二十四日（1900年1月24日），慈禧又借光绪帝的名义颁布谕旨，说自己的病已经无望治愈，恳求皇太后允许自己立嗣，并封载漪之子溥儁为皇子。光绪二十六年正月初一日（1900年1月31日），慈禧派溥儁代光绪帝行礼，并将其接入宫中。至此，慈禧企图废帝的阴谋也被众人洞穿，保皇的呼声一浪高过一浪，令慈禧陷入了被动的泥沼之中。上海的电报总办经元善联合上海绅商市民一千二百余人，谏阻慈禧废黜光绪帝的企图和行为，他们以电奏力保皇上："圣上力疾临御，勿存退位之思。上以慰太后之忧勤，下以弭中外之反侧。"（《居易初集》）经元善之举在全国引起了极大反响，电奏发出后，全国各地反对立储的通电、公告如雪花般飞向北京。由此经元善也得罪了慈禧，他遭到通缉，家产被抄，被迫于二十九日逃往澳门。但是令慈禧不能忽视的是另外一股势力，即在华列强也强烈反对废光绪、立新帝。变法失败以后，以慈禧为首的顽固旧势力全面掌控朝政，在华列强担心中国"有可能回复到四十年前排斥外国人的时代"，于是出于维护自我利益的考虑，他们一再要求觐见，力图摸清光绪帝病情的真伪。英国大使和法国大使一同，推荐法国医生给光绪帝看病。长期以来，以慈禧为首的清政府防御对付外来侵略的军事活动屡战屡败，外交活动不断受挫，几乎是"畏夷如虎"，因此，慈禧明知这是违反外交常规的非分要求，也不敢表示反对。法国医生为光绪

帝看病的结果是：光绪帝虽然体弱多病，但并没有患绝症，并无大碍。看到列强反对废帝的态度越来越强硬，群情激奋的国内舆论的发展又可能会直接威胁自己的统治权力，而自己新立的皇子溥儁更是生性顽劣，胸无大志，慈禧只得废黜了溥儁。

慈禧对于洋人一直是一种盲目的仇视心理，无论是之前的割地、赔款、开设口岸、火烧圆明园，还是最近的保护和帮助被通缉的维新党人、干预自己的废帝计划，都令慈禧对洋人恨之入骨。能有机会报复洋人是她盘结于心的愿望。恰逢这时义和团运动在北方兴起，他们把对列强的不满发泄在了教堂、教民和洋商身上，还打出了"助清灭洋""扶清灭洋"的旗帜，这令慈禧仿佛看见了复仇的希望。为了切实了解义和团的真实情况，慈禧派刑部尚书赵舒翘和大学士刚毅两次暗察义和团，这两个人都向慈禧汇报说：义民无他心，可恃。于是慈禧将打败洋人的希望寄托在了外间盛传的义和团法术之上，她决意向洋人宣战。

光绪二十六年五月二十五日（1900年6月21日），慈禧以光绪帝的名义发布了一份慷慨激昂的宣战书，正式向洋人宣战。然而令慈禧始料不及的是，刚毅等人所称的义和团那些天兵天将并没能成功地阻止八国联军的进攻，相反更给了八国联军进攻的理由。八国联军长驱直入，于六月十八日（7月14日）攻陷天津，七月二十日（8月14日）攻到北京城下，英军率先攻城。至此，慈禧犹如一个输光的赌徒，只剩下了仓皇逃跑一条路。据说光绪帝曾向慈禧请求留在北京，准备"亲往东交民巷向各国使臣面谈，以求议和"。慈禧断然拒绝了光绪帝的请求，谙熟政治权术的慈禧当然不会给光绪帝留下任何一个可以独立发展的机会，执意将光绪带走了。慈禧太后和光绪帝等一行人一路西逃，狼狈不堪，九月四日抵达了西安，慈禧感觉这里应该安全了，就不再西行。九月五日各国公使一致通牒，要求慈禧惩治主战派载漪、载勋、载澜、董福祥等十一人，一味蛮干的慈禧这时已经吓得不行，只得一一照办。和议大臣庆亲王奕劻和大学士李鸿章虽同列强进行了软弱的讨价还价，但无济于事。光绪二十七年七月二十五日（1901年9月7日），在列强的威逼下，他们代表清政府与德、奥、比、西、美、法、英、意、日、荷、俄十一国签订了和约，即历史上的《辛丑条约》，这是一个包括谢罪、赔款、使馆驻军等十二项极其丧权辱国的不平等条约。条约签订后，各国联军于光绪二十七年八月五日退出北京。八月二十四日，慈禧自西安启行回京。

铁腕太后——慈禧

八、推行新政　突然病逝

在遭受颠沛流离之后，慈禧痛定思痛，连续发布了四道懿旨，下诏求言，决心变法。但应者寥寥无几。为了解除人们的顾虑，慈禧决定先在组织机构上进行改革。光绪二十七年三月初三日（1901 年 4 月 21 日），慈禧以光绪帝的名

义下令成立督办政务处，并由当时中央的全部军机大臣和大学士及地方最有影响的疆臣组成，作为变法的领导机关，它的设立使慈禧新政的推行有了组织保证。至此王大臣们才感到，慈禧的此次变法不像是故作姿态，于是在慈禧的一再求言之下，两江总督刘坤一、湖广总督张之洞先后于五月二十七日、六月四日和六月二十七日联衔会奏，连上三折，时称《江楚会奏变法三折》。八月二十日，慈禧肯定了变法三折"事多可行"，明令有关部门"随时设法，摘要举办"。事实上，这三道奏折也成了慈禧推行新政的核心内容和纲领性文件。到光绪三十一年十一月（1905 年 12 月）成立学部为止，五年间慈禧发布了一系列除旧布新的改革举措，涉及了行政制度、军事制度、教育制度和法律制度的诸多方面。但实质上，它们都是光绪帝戊戌变法的继续。历史学者萧一山说："（慈禧新政）似较戊戌百日维新时所举之条目为多，其实全未出光绪帝当时变法之范围，更未出刘坤一、张之洞所建议之范围，不过分一事为数诏，延百日为五年而已。"这个论断是很精辟的。当年，慈禧发布了戊戌政变，软禁了光绪帝，又毫不留情地废弃了光绪帝实行的变法，时隔三年之后，慈禧又亲手恢复了她原来废弃的东西，她的目的真的是要推行改革以强国吗？还是另有其他目的呢？历史教授市古宙三对此做了这样的解释："为了防止反满势力的壮大，并要保持督抚们和外国人的支持，不管清朝统治者喜欢与否，除了改革别无选择余地。实际上，政府原先本无自己的改革方案。她只需要保持改革的门面，而对实际内容毫不关心……改革的目的毋宁说是为了保卫清政府不受汉人与外国人两者的攻击。换言之，改革是为了保住清王朝。"这话是有道理的。

从光绪二十九年（1903年）末开始，一些有远见、识外情的封疆大吏和驻外使节便陆续进言慈禧预备立宪。光绪三十一年五月二十日，直隶总督袁世凯、湖广总督张之洞、两江总督周馥联衔奏请立宪，要求先派遣亲贵出洋考察各国政治，于十二年后实行立宪政体。慈禧接受了他们的建议，指派五位大臣出国考察。被派出考察的大臣们亲眼目睹了各国先进的工业、交通、军备、文化、教育后，眼界大开，思想震动，回国后皆痛陈中国不立宪之害和立宪的好处。慈禧和光绪帝听了大臣们的报告后都很感兴趣。光绪三十二年七月十四日，慈禧以光绪帝的名义发布上谕，宣布实行预备立宪，同时又宣布先行厘定官制。七月十八日，官制编纂馆成立。九月二十日，经慈禧裁定，改革后的中央各衙门官制正式成立，之后地方官制也进行了改革。专制暴戾的慈禧在晚年能够同意实行立宪，是人们始料不及的。其实慈禧在同意立宪之前也曾担心会危及君权，但载沣对此做了反复的说明："君主立宪，大意在于尊崇国体，巩固君权，并无损之可言。"慈禧最在意的当然是她可以独揽君权，实行君主立宪既可以使君权永固，又可以减少各方面的压力，慈禧当然乐而为之。

对于光绪帝的病情，慈禧一直很关注。但自幼多病的光绪在变法失败之后，自己也失去了人身自由，精神上受到了很大刺激，锐气尽消的他"夜寐少眠""气不舒畅，心烦而悸"，慈禧西逃之前又命人把珍妃推到了井中，闻此噩耗的光绪帝更是"悲愤之极，至于战栗"（《清史纪事本末》）。这多重打击让光绪帝的身体日渐衰弱，他向身边的人倾诉了自己的无奈："我没有机会把我的意思宣布于外，或有所作为，所以外间都不大知道我。我不过是替人做样子的，后来再有外人问你，只告诉他我现在所处地位实在的情形。我有意振兴中国，但你知道我不能做主，不能如我的志。"（《清宫禁二年记》）在这样悲凉与绝望的心境下，光绪帝的病情日益加重，直到光绪三十四年，宫中御医已无良方起此沉疴。这一年，慈禧也患上了重病，她觉得是时候为光绪帝立储了，经过反复思考，并同军机大臣商量，最后决定策立醇亲王载沣之子溥仪为嗣子，任命醇亲王载沣为监国摄政王。十月二十日，光绪帝进入了弥留状态，不能言语。慈禧当机立断连发了三道谕旨和三道懿旨，为光绪帝策立了嗣子。其中有

中国古代著名皇后

一句话是："所有军国政事，悉禀承予之训斥，裁度施行。"可见此时的慈禧仍然坚信自己能够和以前一样独揽大权隐握朝纲，她没有想到的是自己很快也将撒手人寰了。

十月二十一日酉正二刻三分（下午5时33分），年仅38岁的光绪帝走完了他短暂的人生历程，在悲苦和孤独中离开了这个世界。光绪帝病逝的次日，慈禧的病情也加重，她自觉不好，连发了两道懿旨，安排了后事。据载，慈禧平时虽患有肠胃之病，但身体素质很好，"以七十之高年，仍毫不呈衰老状"。自光绪三十四年九月后患腹泻症，以后腹泻病久治不愈，且愈发严重。十月初十日是慈禧的74岁寿辰，连续六天的庆贺使慈禧更感劳累，之后病情更加恶化。十月二十一日光绪帝崩逝，慈禧带病安排了光绪帝的后事，并处理了相关的诸项政事。十月二十二日，张仲元、戴家瑜对慈禧做出了最后诊断："请得皇太后六脉已绝，于未正三刻（14时45分）升遐。"即光绪三十四年十月二十二日（1908年11月15日）未刻，慈禧死去。慈禧死后的第五天，也就是光绪三十四年十月二十七日，监国摄政王载沣以皇帝的名义发布上谕："大行太皇太后垂帘训政四十余年，功在宗社，德被生民。所有治丧典礼，允宜格外优隆，以昭尊崇，而申哀悯。著礼部将一切礼节另行敬谨改拟具奏。"于是在监国摄政王载沣的主持下，慈禧的葬礼规格突破了祖制对于太皇太后葬仪的规定，声势浩大，尽显优隆。

慈禧的墓坐落在河北省遵化县清东陵的昌瑞山南，与慈安的墓并排立于咸丰帝定陵东侧。普祥峪定东陵位于西，是慈安的墓，菩陀峪定东陵位于东，是慈禧的墓。两座寝宫于同治十二年（1873年）八月二十四日兴工，光绪五年（1879年）六月竣工。历时六年，耗银四百八十多万两，这两座陵墓的规模与工艺在清代皇后陵中均属上乘。慈安的陵，在慈安死后顺利地使用了。然而令人意想不到的是，在陵墓竣工十六年后，也就是光绪二十一年，慈禧竟然下旨将菩陀峪"晚年吉地"的三殿全部拆除，就地重建。这个工程持续了十四年，到慈禧死前才完工。三殿的梁木和门窗上彩画两千四百多条金龙，内外六十四根金柱上镂刻着六十四条金龙，三殿的花纹，仅叶子就用金四千五百九十

二两。此外，慈禧的随葬珍宝不计其数，据当时人估计，这些珍宝价值白银五千多万两，其中仅慈禧凤冠上的大珍珠就价值白银一千万两。慈禧的陵墓，充分表现了她的穷奢极欲、挥霍无度。

1928 年 7 月 4 日，慈禧陵墓被军阀孙殿英炸开，不仅尸骨尽遭暴露和羞辱，随葬的奇珍异宝也被洗劫一空。8 月 19 日，护陵大臣、镇国公载泽等代表废帝溥仪，草草地收殓了慈禧的尸体。享尽人间富贵的慈禧太后，只留下了孤独的荒冢任后人评说。